AF588883

OPUSCULES POÉTIQUES.

OPUSCULES POÉTIQUES,

Par M. le Chevalier DE PARNY.

A AMSTERDAM.

1779.

POÉSIES

ÉROTIQUES.

LIVRE PREMIER.

A ÉLÉONORE.

AIMER à treize ans, dites-vous,
C'eſt trop tôt : eh, qu'importe l'âge ?
Avez-vous beſoin d'être ſage,
Pour goûter le plaiſir des fous ?
Ne prenez pas pour une affaire
Ce qui n'eſt qu'un amuſement ;
Lorſque vient la ſaiſon de plaire,
Le cœur n'eſt pas long-tems enfant.

Au bord d'une onde fugitive,
Reine des buiſſons d'alentour,
Une roſe demi-captive
S'ouvroit aux rayons d'un beau jour.
Égaré par un goût volage,
Dans ces lieux paſſe le Zéphir:
Il l'apperçoit, & du plaiſir
Lui propoſe l'apprentiſſage;
Mais en vain : ſon air ingénu
Ne touche point la fleur cruelle.
De grâce, laiſſez-moi, dit-elle;
A peine vous ai-je entrevu;
Je ne fais encor que de naître :
Revenez ce ſoir, & peut-être
Serez-vous un peu mieux reçu.
Zéphir s'envole à tire-d'aîles,
Et va ſe conſoler ailleurs;
Ailleurs, car il en eſt des fleurs
A peu près comme de nos Belles.
Tandis qu'il fuit, s'élève un vent
Un peu plus fort que d'ordinaire,
Qui de la Roſe, en ſe jouant,
Détache une feuille légère;
La feuille tombe, & du courant
Elle ſuit la pente rapide;
Une autre feuille en fait autant,

Puis trois, puis quatre ; en un moment,
L'effort de l'Aquilon perfide
Eut moissonné tous ces appas
Qu'apprêtoit une main divine
Pour des Amans plus délicats.
Le Zéphir revint ; mais, hélas!
Il ne restoit plus que l'épine.

LE LENDEMAIN.

Tu l'as connu, ma chère Éléonore,
Ce doux plaisir, ce péché si charmant
Que tu craignois, même en le désirant;
En le goûtant, tu le craignois encore.
Eh bien, dis-moi; qu'a-t-il donc d'effrayant?
Que laisse-t-il après lui dans ton ame?
Un léger trouble, un tendre souvenir,
L'étonnement de sa nouvelle flamme,
Un doux regret, & sur-tout un désir.
Déjà la rose aux lis de ton visage
    Mêle ses brillantes couleurs;
Dans tes beaux yeux, à la pudeur sauvage
    Succèdent les molles langueurs,
    Qui de nos plaisirs enchanteurs
Sont à la fois la suite & le présage.
Déjà ton sein doucement agité,

Avec moins de timidité,
Repouſſe la gaze légère
Qu'arrangea la main d'une mère,
Et que la main du tendre amour
Moins diſcrète & plus familière
Saura déranger à ſon tour.
Une agréable rêverie
Remplace enfin cet enjoûment,
Cette piquante étourderie,
Qui déſeſpéroient ton Amant;
Et ton ame plus attendrie
S'abandonne nonchalamment
Au délicieux ſentiment
D'une douce mélancolie.

Ah! laiſſons nos triſtes cenſeurs
Traiter de crime abominable
Le ſeul charme de nos douleurs,
Ce plaiſir pur, dont un Dieu favorable
Mit le germe dans tous les cœurs.
Ne crois pas à leur impoſture;
Leur zèle barbare & jaloux
Fait un outrage à la nature;
Non, le crime n'eſt pas ſi doux.

AVIS A ÉLÉONORE.

Dès que la nuit ſur nos demeures
Planera plus obſcurément;
Dès que ſur l'airain gémiſſant
Le marteau frappera douze heures;
Sur les pas du fidèle Amour,
Alors les plaiſirs par centaine
Voleront chez ma Souveraine,
Et les voluptés tour-à-tour
Prendront ſoin d'amuſer leur Reine.
Ils y reſteront juſqu'au jour;
Et ſi la matineuſe aurore
Oublioit d'ouvrir au ſoleil
Ses larges portes de vermeil,
Le ſoir ils y ſeroient encore.

LA PRÉCAUTION DANGEREUSE.

Ô la plus belle des maîtreſſes !
Fuyons dans nos plaiſirs la lumière & le bruit ;
Ne diſons point au jour les ſecrets de la nuit ;
Aux regards inquiets dérobons nos careſſes.
L'amour heureux ſe trahit aiſément !
Je crains pour toi les yeux d'une mère attentive ;
Je crains ce vieil Argus, au cœur de diamant,
Dont la vertu bruſque & rétive
Ne s'adoucit qu'à prix d'argent.
Durant le jour, tu n'es plus mon Amante.
Si je m'offre à tes yeux, garde-toi de rougir ;
Défends à ton amour le plus léger ſoupir ;
Affecte un air diſtrait ; que ta voix ſéduiſante
Évite de frapper mon oreille & mon cœur ;
Ne mets dans tes regards ni trouble, ni langueur.
Hélas ! de mes conſeils je me repens d'avance.
Ma chère Éléonore, au nom de nos amours,
N'imite pas trop bien cet air d'indifférence :
Je dirois, c'eſt un jeu ; mais je craindrois toujours.

LES SERMENS.

Oui, j'en atteste la nuit sombre
Confidente de nos plaisirs,
Et qui verra toujours son ombre
Disparoître avant mes désirs;
J'atteste l'étoile amoureuse
Qui pour voler au rendez-vous
Me prête sa clarté douteuse;
Je prends à témoin ces verroux
Qui souvent réveilloient ta mère,
Et cette parure étrangère
Qui trompe les regards jaloux;
Enfin, j'en jure par toi-même,
Je veux dire par tous mes Dieux;
T'aimer est le bonheur suprême,
Il n'en est point d'autre à mes yeux.
Viens donc, ô ma belle Maîtresse,
Perdre tes soupçons dans mes bras.
Viens t'assurer de ma tendresse,
Et du pouvoir de tes appas.
Aimons, ma chère Éléonore:
Aimons au moment du réveil;
Aimons au lever de l'aurore;
Aimons au coucher du soleil;
Durant la nuit aimons encore.

LA FRAYEUR.

T'EN ſouviens-tu, mon aimable Maîtreſſe,
De cette nuit où nos brûlans déſirs
Et de nos goûts la libertine adreſſe
A chaque inſtant varioient nos plaiſirs ?
De ces plaiſirs le docile théâtre
Favoriſoit nos rapides élans ;
Mais tout-à-coup les ſupports chancelans
Furent briſés dans ce combat folâtre,
Et ſuccombant à nos tendres ébats,
Sur le parquet tombèrent en éclats.
Des voluptés tu paſſas à la crainte ;
L'étonnement vint reſſerrer ſoudain
Ton foible cœur palpitant ſous ma main ;
Tu murmurois, je riois de ta plainte ;
Je ſavois trop que le Dieu des Amans
Sur nos plaiſirs veilloit dans ces momens.
Il vit tes pleurs ; Morphée, à ſa prière,
Du vieil Argus que réveilloient nos jeux
Ferma bientôt & l'oreille & les yeux,
Et de ſon aîle enveloppa ta mère.
L'aurore vint, plutôt qu'à l'ordinaire,
De nos baiſers interrompre le cours ;
Elle chaſſa les timides amours ;

Mais ton ſouris, peut-être involontaire,
Leur accorda le rendez-vous du ſoir.

Ah! ſi les Dieux me laiſſoient le pouvoir
De diſpenſer la nuit & la lumière,
Du jour naiſſant la jeune avant-courière
Viendroit bien tard annoncer le ſoleil;
Et celui-ci, dans ſa courſe légère,
Ne feroit voir au haut de l'hémiſphère
Qu'une heure ou deux ſon viſage vermeil.
L'ombre des nuits dureroit davantage,
Et les amours auroient plus de loiſir.
De mes inſtans l'agréable partage
Seroit toujours au profit du plaiſir.
Dans un accord réglé par la ſageſſe,
Au doux ſommeil j'en donnerois un quart;
Le Dieu du vin auroit ſemblable part;
Et la moitié ſeroit pour ma Maîtreſſe.

LE BOUQUET.

DANS ce moment les politesses,
Les souhaits vingt fois répétés,
Et les ennuyeuses caresses,
Pleuvent sans doute à tes côtés.
Après ces complimens sans nombre,
L'amour fidèle aura son tour :
Car dès qu'il verra la nuit sombre
Remplacer la clarté du jour,
Il s'en ira, sans autre escorte
Que le plaisir tendre & discret,
Frappant doucement à ta porte,
T'offrir ses vœux & son bouquet.
Quand l'âge aura blanchi ma tête,
Réduit tristement à glaner,
J'irai te souhaiter ta fête,
Ne pouvant plus te la donner.

SOUVENIR.

DÉJA la nuit s'avance, & du ſombre orient
Ses voiles par dégrés dans les airs ſe déploient.
Sommeil, doux abandon, image du néant,
Des maux de l'exiſtence heureux délaſſement,
Tranquille oubli des ſoins où les hommes ſe noient;
Et vous, qui nous rendez à nos plaiſirs paſſés,
Touchante Illuſion, Déeſſe des menſonges,
Venez dans mon aſile, & ſur mes yeux laſſés
Secouez les pavots & les aimables ſonges.
Voici l'heure où trompant les ſurveillans jaloux,
Je preſſois dans mes bras ma Maîtreſſe timide.
Voici l'alcove ſombre où d'une aîle rapide
L'eſſaim des voluptés voloit au rendez-vous.
Voici le lit commode où l'heureuſe licence
Remplaçoit par dégrés la mourante pudeur.
Importune vertu, fable de notre enfance,
Et toi, vain préjugé, fantôme de l'honneur,
Combien peu votre voix ſe fait entendre au cœur!
La nature aiſément vous réduit au ſilence;
Et vous vous diſſipez au flambeau de l'amour,
Comme un léger brouillard aux premiers feux du jour.

Momens délicieux, où nos baiſers de flamme,
Mollement égarés, ſe cherchent pour s'unir!

Où de douces fureurs s'emparant de notre ame
Laissent un libre cours au bizarre désir!
Momens plus enchanteurs, mais prompts à disparoître,
Où l'esprit échauffé, les sens, & tout notre être,
Semblent se concentrer pour hâter le plaisir!
Vous portez avec vous trop de fougue & d'ivresse;
Vous fatiguez mon cœur qui ne peut vous saisir,
Et vous fuyez sur-tout avec trop de vîtesse;
Hélas! on vous regrette, avant de vous sentir!
Mais, non; l'instant qui suit est bien plus doux encore.
Un long calme succède au tumulte des sens;
Le feu qui nous brûloit par dégrés s'évapore;
La volupté survit aux pénibles élans;
L'ame sur son bonheur se repose en silence;
Et la réflexion, fixant la jouissance,
S'amuse à lui prêter un charme plus flatteur.
Amour, à ces plaisirs l'effort de ta puissance
Ne sauroit ajouter qu'un peu plus de lenteur.

AU GAZON

FOULÉ PAR ÉLÉONORE.

TRÔNE de fleurs, lit de verdure,
Gazon planté par les amours,
Recevez l'onde fraîche & pure
Que ma main vous doit tous les jours.
Couronnez-vous d'herbes nouvelles;
Croiſſez, gazon voluptueux.
Qu'à midi, Zéphire amoureux
Vous porte le frais ſur ſes aîles;
Que ces lilas entrelacés
Dont la fleur s'arrondit en voûte,
Sur vous mollement renverſés,
Laiſſent échapper goutte à goutte
Les pleurs que l'aurore a verſés.
Sous les appas de ma Maîtreſſe
Ployez toujours avec ſoupleſſe,
Mais ſur le champ relevez-vous;
De notre amoureux badinage
Ne gardez point le témoignage;
Vous me feriez trop de jaloux.

FRAGMENT D'ALCÉE,

POÈTE GREC.

QUEL eſt donc ce devoir, cette fête nouvelle,
Qui pour dix jours entiers t'éloignent de mes yeux ?
Qu'importe à nos plaiſirs l'Olympe & tous les Dieux,
Et qu'eſt-il de commun entre nous & Cybèle ?
De quel droit m'oſe-t-elle arracher de tes bras ?
Se peut-il que du Ciel la bonté paternelle
Ait choiſi pour encens les malheurs d'ici-bas ?
Reviens de ton erreur, crédule Éléonore.
Si tous deux égarés dans l'épaiſſeur du bois,
Au doux bruit des ruiſſeaux mêlant nos douces voix,
Nous nous diſions ſans fin, je t'aime, je t'adore ;
Quel mal feroit aux Dieux notre innocente ardeur ?
Sur le gazon fleuri, ſi près de moi couchée
Tu rempliſſois tes yeux d'une molle langueur ;
Si ta bouche brûlante à la mienne attachée
Jettoit dans tous mes ſens une vive chaleur ;
Si mourant ſous l'excès d'un bonheur ſans meſure,
Nous renaiſſions encor, pour encor expirer ;
Quel mal feroit aux Dieux cette volupté pure ?
La voix du ſentiment ne peut nous égarer,
Et l'on n'eſt point coupable en ſuivant la nature.

Ce Jupiter qu'on peint si fier & si cruel,
Plongé dans les douceurs d'un repos éternel,
De ce que nous faisons ne s'embarasse guère.
Ses regards déployés sur la nature entière
Ne se fixent jamais sur un foible mortel.
Va, crois-moi, le plaisir est toujours légitime;
L'amour est un devoir, l'indifférence un crime.

Laissons la vanité, riche dans ses projets,
Se créer sans effort une seconde vie;
Laissons-la promener ses regards satisfaits
Sur l'immortalité; rions de sa folie.
Cet abyme sans fond où la mort nous conduit
Garde éternellement tout ce qu'il engloutit.
Tandis que nous vivons, faisons notre Élisée;
L'autre n'est qu'un beau rêve inventé par les Rois,
Pour ranger leurs sujets sous la verge des loix;
Et cet épouvantail de la foule abusée,
Ce Tartare, ces fouets, cette urne, ces serpens,
Font moins de mal aux morts que de peur aux vivans.

DÉLIRE.

Rions, buvons, ô mes amis!
Occupons-nous à ne rien faire.
Laiſſons murmurer le vulgaire,
Le plaiſir eſt toujours permis.
Que notre exiſtence légère
S'évanouiſſe dans les jeux.
Vivons pour nous, ſoyons heureux,
N'importe de quelle manière.
Un jour il faudra nous courber
Sous la main du tems qui nous preſſe;
Mais jouiſſons dans la jeuneſſe,
Et dérobons à la vieilleſſe
Tout ce qu'on peut lui dérober.

LA RECHUTE.

C'en eſt fait, j'ai briſé mes chaînes,
Amis, je reviens dans vos bras;
Les Belles ne vous valent pas,
Leurs faveurs coûtent trop de peines;
Je leur dis adieu pour toujours.
Bouteille long-tems négligée,
Remplace chez moi les amours,
Et diſtrais mon ame affligée.

Buvons, ô mes amis, buvons.
C'eſt le ſeul plaiſir ſans mêlange;
Il eſt de toutes les ſaiſons;
Lui ſeul nous conſole & nous venge
Des maîtreſſes que nous perdons.
Que dis-je, malheureux? ah! qu'il eſt difficile
De feindre la gaité dans le ſein des douleurs!
La bouche ſourit mal, quand les yeux ſont en pleurs.
Repouſſons loin de nous ce nectar inutile.
Et toi, tendre amitié, plaiſir pur & divin,
Non, tu ne ſuffis plus à mon ame égarée.
Au cri des paſſions qui grondent dans mon ſein
En vain tu veux mêler ta voix douce & ſacrée.
Tu gémis de mes maux qu'il falloit prévenir;
Tu m'offres ton appui lorſque la chute eſt faite,
Et tu ſondes ma plaie au lieu de la guérir.
Va, ne m'apporte plus ta prudence inquiète;
Laiſſe-moi m'étourdir ſur la réalité;
Laiſſe-moi m'enfoncer dans le ſein des chimères,
Tout courbé ſous les fers chanter la liberté,
Saiſir avec tranſport des ombres paſſagères,
Et parler de félicité,
En verſant des larmes amères.

Ils viendront ces paiſibles jours,
Ces momens du réveil, où la raiſon ſévère

Dans la nuit des erreurs fait briller ſa lumière,
Et diſſipe à nos yeux le ſonge des amours.
Le tems qui d'une aîle légère
Emporte, en ſe jouant, nos goûts & nos penchans,
Mettra bientôt le terme à mes égaremens.
O mes amis! alors échappé de ſes chaînes,
Mon cœur dans votre ſein dépoſera ſes peines;
Ce cœur qui vous trahit revolera vers vous.
Sur votre expérience appuyant ma foibleſſe,
Peut-être je pourrai d'une folle tendreſſe
Prévenir les retours jaloux.
Sur les plaiſirs de mon aurore
Vous me verrez tourner des yeux mouillés de pleurs,
Soupirer malgré moi, rougir de mes erreurs,
Et même en rougiſſant, les regretter encore.

A M. DE F.

ABJURANT ma douce pareſſe
J'allois voyager avec toi ;
Mais mon cœur reprend ſa foibleſſe,
Adieu, tu partiras ſans moi.
Les baiſers de ma jeune Amante
Ont dérangé tous mes projets.
Ses yeux ſont plus beaux que jamais ;
Sa douleur la rend plus touchante.
Elle me ſerre entre ſes bras,
Des Dieux implore la puiſſance,
Pleure déjà mon inconſtance,
Gémit, & ne m'écoute pas.
Viens, dit-elle ; un autre rivage
Nous attend au déclin du jour
Nous ferons enſemble un voyage
Mais c'eſt au temple de l'Amour.

MA RETRAITE.

Solitude heureuſe & champêtre,
Séjour du repos le plus doux,
Le printems me ramène à vous ;
Recevez enfin votre maître.
La jeune Amante du Zéphir
A ranimé vos triſtes plaines ;
Échappé de mes lourdes chaînes,
Comme elles, je vais rajeunir.
Vous donnez à mes ſens une nouvelle vie ;
Mon ame trop long-tems flétrie,
Aux rayons naiſſans du plaiſir,
Déjà commence à s'entr'ouvrir.

O Maîtreſſe toujours plus chère,
De ces lieux tu fais l'ornement.
Dans ces lieux tu fais ſans myſtère
Le bonheur du plus tendre Amant.

La ſimplicité ſeule orna mon hermitage.
On ne voit point chez moi ces ſuperbes tapis
Que la Perſe, à grands frais, teignit pour notre uſage.
Je ne repoſe point ſous un dais de rubis ;
Mon lit n'eſt qu'un ſimple feuillage.
Qu'importe ? le ſommeil eſt-il moins conſolant ?

Les rêves qu'il nous donne en ſont-ils moins aimables ?
Le baiſer d'une Amante en eſt-il moins brûlant,
Et les voluptés moins durables ?
Pendant la nuit, lorſque je peux
Entendre dégoutter la pluie,
Et les fiers enfans d'Orythie
Ébranler mon toit dans leurs jeux ;
Alors ſi mes bras amoureux
Entourent ma craintive amie,
Puis-je encor former d'autres vœux ?
Qu'irois-je demander aux Dieux
A qui mon bonheur fait envie ?

Je ſuis au port, & je me ris
De ces écueils où l'homme échoue.
Je regarde avec un ſouris
Cette fortune qui ſe joue,
En tourmentant ſes favoris ;
Et j'abaiſſe un œil de mépris
Sur l'inconſtance de ſa roue.

La ſcène des plaiſirs va changer à mes yeux.
Moins avide aujourd'hui, mais plus voluptueux,
Diſciple du ſage Épicure,
Je veux que la raiſon préſide à tous mes jeux.
De rien avec excès, de tout avec meſure,

Voilà le ſecret d'être heureux.
Trahi par ma jeune Maîtreſſe,
Je vais rire de ma foibleſſe
Entre les bras de l'amitié,
Et confier à ſa tendreſſe
Un malheur bientôt oublié.
Si l'amitié, plus douce & plus chérie,
Si l'amitié me trahit à ſon tour,
Mon cœur triſte & navré déteſtera la vie;
Mais enfin, conſolé par la philoſophie,
Je reviendrai peut-être aux autels de l'Amour.
La haine eſt pour moi trop pénible;
La ſenſibilité n'eſt qu'un tourment de plus;
Une indifférence paiſible
Eſt la plus ſage des vertus.

VERS
GRAVÉS SUR UN MYRTE.

MYRTE heureux, dont la voûte épaiſſe
Servit à cacher nos amours,
Reçois & conſerve toujours
Ces vers enfans de ma tendreſſe ;
Et dis à ceux qu'un doux loiſir
Amenera dans ce bocage,
Que ſi l'on mouroit de plaiſir,
Je ſerois mort ſous ton ombrage.

A ÉLÉONORE.

Ô toi, qui fus mon écolière
En muſique, & même en amour,
Viens dans mon paiſible ſéjour
Exercer ton talent de plaire.
Viens voir ce qu'il m'en coûte à moi,
Pour avoir été trop bon maître.
Je ſerois mieux portant peut-être,
Si moins aſſidu près de toi,
Si moins empreſſé, moins fidèle,
Et moins tendre dans mes chanſons,
J'avois ménagé des leçons
Où mon cœur mettoit trop de zèle.

Ah! viens du moins, viens appaiſer
Les maux que tu m'as faits, cruelle!
Ranime ma langueur mortelle;
Viens me plaindre; & qu'un ſeul baiſer
Me rende une ſanté nouvelle.
Fidèle à mon premier penchant,
Amour, je te fais le ſerment
De la perdre encore avec elle.

A LA MÊME,

SUR SON REFROIDISSEMENT.

ILS ne ſont plus ces jours délicieux
Où mon amour reſpectueux & tendre
A votre cœur ſavoit ſe faire entendre;
Où vous m'aimiez, où nous étions heureux!
Vous adorer, vous le dire & vous plaire,
Sur vos deſirs régler tous mes déſirs,
C'étoit mon ſort; j'y bornois mes plaiſirs;
Aimé de vous, quels vœux pouvois-je faire?
Tout eſt changé; quand je ſuis près de vous,
Triſte & ſans voix, vous n'avez rien à dire;
Si quelquefois je tombe à vos genoux,
Vous m'arrêtez avec un froid ſourire,
Et dans vos yeux s'allume le courroux.
Il fut un tems, vous l'oubliez peut-être!

Où j'y trouvois cette molle langueur,
Ce tendre feu que le désir fait naître,
Et qui survit au moment du bonheur.
Tout est changé, tout, excepté mon cœur!

A UN MYRTE.

BEL arbre, je viens effacer
Ces noms gravés sur ton écorce,
Qui par un amoureux divorce
Se reprennent pour se laisser.
Ne parle plus d'Éléonore;
Rejette ces chiffres menteurs;
Les tems a désuni les cœurs
Que ton écorce unit encore.

LES AILES DE L'AMOUR.

Un jour, Éléonore & moi, nous recontrâmes l'Amour dormant ſur un lit de fleurs. Enchaînons-le, dit tout bas Éléonore, & portons-le dans notre hermitage; nous nous amuſerons de ſa peine, & puis nous lui rendrons la liberté : mais nous volerons ſon carquois, & nous couperons ſes aîles. Il faut lui laiſſer ſon carquois, répondis-je; pour les aîles, nous ferons bien de les couper.

Nous nous mettons à l'ouvrage; nous treſſons des guirlandes de roſes; nous lions les pieds & les mains à l'Amour, & nous le portons ſur nos bras juſques dans notre aſile. Il ſe réveille tout-à-coup, (le ſommeil de l'Amour eſt toujours léger) il veut briſer ſes liens; mais ils étoient tiſſus des mains de ma Maîtreſſe. Ne pouvant y réuſſir, il ſe met à pleurer. Ah! rendez-moi la liberté, s'écrie-t-il; ſi vous me laiſſez long-tems enchaîné, je vais reſſembler à l'hymen. — Eh bien, nous allons vous dégager, mais nous voulons auparavant vous couper les aîles. — Quoi? vous ſeriez aſſez cruels? — Oui; vous en deviendrez plus aimable, & l'univers y gagnera beaucoup. — Que je ſuis malheureux! puiſque mes prières ni mes larmes ne sauroient vous attendrir, laissez-moi les détacher moi-même.

Alors il détacha ses aîles, & les mit, en souriant, aux pieds d'Éléonore. J'étois étonné de voir l'Amour si obéissant; je ne savois pas le tour qu'il nous préparoit.

On couvrit la table de flacons, & l'Amour prit un couvert entre nous deux. Trois coups le rendirent plus charmant que jamais. Ses yeux pétilloient d'un feu nouveau; les naïvetés & les bons mots découloient de sa bouche. Mais il but trop; l'ivresse remplaça la gaité; sa tête appesantie s'inclina sur la table; il alloit expirer.

Ah! qu'avons-nous fait, ma chère Éléonore! vîte, des parfums; serre l'Amour entre tes bras. Comme il est froid & immobile! ô ciel! si l'Amour venoit à mourir!

Éléonore le prend sur ses genoux; elle le presse contre son sein; moi, je réchauffe ses mains & ses pieds. Il revient peu-à-peu de son évanouissement, & reprend bientôt toutes ses forces. Un rien affoiblit l'Amour, un rien lui rend la santé.

Cependant une chaleur nouvelle s'insinuoit dans tous mes sens. Les yeux d'Éléonore me disoient qu'elle éprouvoit le même tourment. Elle se pencha sur un lit de gazon, je m'aſſis auprès d'elle; je ſoupirai, elle me regarda languiſſamment, je la compris.... O miracle étonnant! au premier baiſer, les aîles de l'Amour commencèrent à renaître. Elles croiſſoient à vue d'œil, à meſure que nous avancions vers le terme du plaiſir. Après le moment du bonheur, elles avoient leur grandeur ordinaire.

Alors il nous regarda tous les deux avec un ſouris malin. Apprenez, nous dit-il, que l'Amour ne peut exiſter ſans aîles. On a beau me les couper; la jouiſſance me les rend; & vous verrez bientôt qu'elles ſont auſſi bonnes que jamais.

Hélas! ſa prédiction n'eſt que trop accomplie! mais tout le poids de ſa colère eſt tombé ſur moi. Eléonore eſt infidelle, & tous les feux qui la brûloient ont paſſé dans mon cœur. En vain je veux aimer ailleurs; je ſens trop qu'on ne peut aimer qu'une fois!

Fin du premier Livre.

POÉSIES ÉROTIQUES.

LIVRE SECOND.

ÉLÉGIE.

OUI, ſans regret, du flambeau de mes jours
Je vois pâlir la lumière éclipſée.
Tu vas enfin ſortir de ma penſée,
Cruel objet des plus tendres amours!
Ce triſte eſpoir fait mon unique joie.
Soins importuns, ne me retenez pas :
Éléonore a juré mon trépas ;
Je veux aller où ſa rigueur m'envoie,

Dans cet asile ouvert à tout mortel,
Où les Amans vont déposer leur peine,
Où l'on s'endort d'un sommeil éternel,
Où tout finit, & l'amour & la haine.

Tu gémiras, trop sensible amitié !
De mes chagrins conserve au moins l'histoire,
Et que mon nom, sur la terre oublié,
Vienne par fois s'offrir à ta mémoire.

Peut-être alors tu gémiras aussi,
Et tes regards se tourneront encore
Sur ma demeure, ingrate Éléonore,
Premier objet que mon cœur a choisi !
Trop tard, hélas ! tu répandras des larmes ;
Oui, tes beaux yeux se rempliront de pleurs ;
Je te connois, & malgré tes rigueurs,
Dans mon amour tu trouves quelques charmes.

Lorsque la mort, favorable à mes vœux,
De mes instans aura coupé la trame ;
Lorsqu'un tombeau triste & silencieux
Renfermera ma douleur & ma flamme ;
O mes amis ! vous que j'aurai perdus,
Allez trouver cette Beauté cruelle,
Et dites-lui : c'en est fait, il n'est plus.

Puiſſent les pleurs que j'ai verſés pour elle
M'être rendus... mais non, Dieu des amours,
Je lui pardonne; ajoutez à ſes jours
Les jours heureux que m'ôta l'infidelle.

A MA BOUTEILLE.

VIENS, ô ma Bouteille chérie,
Viens enivrer tous mes chagrins.
Douce compagne, heureuſe amie,
Verſe dans ma coupe élargie
L'oubli des dieux & des humains.
Buvons, mais buvons à plein verre;
Et lorſque la main du ſommeil
Fermera ma triſte paupière,
O Dieux, reculez mon réveil!
Qu'à pas lents l'aurore s'avance
Pour ouvrir les portes du jour:
Eſclaves, gardez le ſilence,
Et laiſſez dormir mon amour.

LE SONGE.

A M. DE F....

CORRIGÉ par tes beaux discours
J'avois résolu d'être sage,
Et dans un accès de courage,
Je congédiois les amours
Et les chimères du bel âge.
La nuit vint ; un profond sommeil
Ferma mes paupières tranquilles ;
Tous mes songes étoient faciles ;
Je ne craignois point le réveil.
Mais quand l'aurore impatiente,
Blanchissant l'ombre de la nuit,
A la nature renaissante
Annonça le jour qui la suit :
L'amour vint s'offrir à ma vue ;
Le sourire le plus charmant
Erroit sur sa bouche ingénue ;
Je le reconnus aisément.
Il s'approcha de mon oreille ;
Tu dors, me dit-il doucement,
Et tandis que ton cœur sommeille,
L'heure s'écoule incessamment.
Ici bas tout se renouvelle,

L'homme ſeul vieillit ſans retour ;
Son exiſtence n'eſt qu'un jour
Suivi d'une nuit éternelle,
Mais encor trop long ſans amour.

A ces mots, j'ouvris la paupière ;
Adieu ſageſſe, adieu projets ;
Revenez, enfans de Cythère,
Je ſuis plus foible que jamais.

DEMAIN,

A AGLAÉ.

VOUS m'amuſez par des careſſes,
Vous promettez inceſſamment,
Et le Zéphir, en ſe jouant,
Emporte vos vaines promeſſes.
Demain, dites-vous tous les jours ;
Je ſuis chez vous avant l'aurore ;
Mais volant à votre ſecours
La pudeur chaſſe les amours ;
Demain, répétez-vous encore.

Rendez grâce au Dieu bienfaiſant
Qui vous donna juſqu'à préſent
L'art d'être tous les jours nouvelle ;

Mais le tems, du bout de ſon aîle,
Touchera vos traits en paſſant;
Dès *Demain* vous ſerez moins belle;
Et moi peut-être moins preſſant.

A UN AMI

TRAHI PAR SA MAITRESSE.

QUOI? tu gémis d'une inconſtance,
Tu pleures, nouveau Céladon?
Ah! le trouble de ta raiſon
Fait honte à ton expérience.
Es-tu donc aſſez imprudent
Pour vouloir fixer une femme?
Trop ſimple & trop crédule Amant,
Quelle erreur aveugle ton ame?
Tu fixerois plus aiſément
Le ſouffle du Zéphir volage,
Les flots agités par l'orage,
Et l'or ondoyant des moiſſons,
Quand les rapides aquilons,
Gliſſant du ſommet des montagnes
Sur les richeſſes des vallons,
Sifflent en raſant les campagnes.

Elle t'aimoit de bonne foi,
Mais pouvoit-elle aimer ſans ceſſe ?
Un rival obtient ſa tendreſſe ;
Un autre l'avoit avant toi ;
Et dès demain, je le parie,
Un troiſième plus inſenſé,
Remplacera dans ſa folie
L'imprudent qui t'a remplacé.

Il faut dans les jeux de Cythère
A fripon, fripon & demi ;
Trahis pour n'être point trahi ;
Préviens même la plus légère ;
Que ta tendreſſe paſſagère
S'arrête où commence l'ennui.
Mais que fais-je ? & dans ta foibleſſe
Devrois-je ainſi te ſecourir ?
Ami, garde-toi d'en guérir ;
L'erreur ſied bien à la jeuneſſe.
Va, l'on ſe conſole aiſément
De ſes diſgraces amoureuſes :
Les amours ſont un jeu d'enfant ;
Et crois-moi, dans ce jeu charmant
Les dupes même ſont heureuſes.

À AGLAÉ.

Tu me promets d'être conſtante,
Et tu veux qu'aux pieds des autels
Nous formions des nœuds ſolemnels !
Aglaé, ta flamme eſt prudente.
Eh bien ! d'un éternel amour
Je fais le ſerment redoutable,
Si tu veux jurer à ton tour
D'être à mes yeux toujours aimable.

MA MORT.

De mes penſers confidente chérie,
Toi, dont les chants faciles & flatteurs
Viennent par fois ſuſpendre les douleurs
Dont les Amours ont parſemé ma vie;
Lyre fidelle, où mes doigts pareſſeux
Trouvent ſans art des ſons mélodieux,
Prends aujourd'hui ta voix la plus touchante,
Et parle-moi de ma Maîtreſſe abſente.

Belle Aglaé, pourvu que dans tes bras
De mes accords j'amuſe ton oreille,
Et qu'animé par le jus de la treille,
En les chantant, je baiſe tes appas;

Si tes regards, dans un tendre délire,
Sur ton ami tombent languiſſamment ;
A mes accens ſi tu daignes ſourire ;
Si tu fais plus, & ſi mon humble lyre
Sur tes genoux repoſe mollement ;
Qu'importe à moi le reſte de la terre ?
Des beaux eſprits qu'importe la rumeur,
Et du Public la ſentence ſévère ?
Je ſuis Amant, & ne ſuis point Auteur.
Je ne veux point d'une gloire pénible ;
Trop de clarté fait peur au doux plaiſir :
Je ne ſuis rien, & ma muſe paiſible
Brave, en riant, ſon ſiècle & l'avenir.
Je n'irai pas ſacrifier ma vie
Au fol eſpoir de vivre après ma mort.
O ma Maîtreſſe ! un jour l'arrêt du ſort
Viendra fermer ma paupière affoiblie ;
Lorſque tes bras entourant ton ami
Soulageront ſa tête languiſſante,
Et que ſes yeux ſoulevés à demi
Seront remplis d'une flamme mourante ;
Lorſque mes doigts tâcheront d'eſſuyer
Tes yeux fixés ſur ma paiſible couche,
Et que mon cœur s'échappant ſur ma bouche
De tes baiſers recevra le dernier ;
Je ne veux point qu'une pompe indiſcrète

Vienne trahir ma douce obſcurité,
Ni qu'un airain à grand bruit agité
Annonce à tous le convoi qui s'apprête.
Dans mon aſile, heureux & méconnu,
Indifférent au reſte de la terre,
De mes plaiſirs je lui fais un myſtère;
Je veux mourir comme j'aurai vécu.

AUX INFIDELLES.

A vous qui ſavez être belles,
Favorites du Dieu d'amour,
A vous, maîtreſſes infidelles,
Qu'on cherche & qu'on fuit tour à tour;
Salut, tendre hommage, heureux jour,
Et ſur-tout voluptés nouvelles!
Écoutez. Chacun à l'envi
Vous craint, vous adore & vous gronde;
Pour moi, je vous dis grand merci.
Vous ſeules de ce triſte monde
Avez l'art d'égayer l'ennui;
Vous ſeules variez la ſcène
De nos goûts & de nos erreurs;
Vous piquez au jeu les acteurs;
Vous agacez les ſpectateurs
Que la nouveauté vous amène.

Le tourbillon qui vous entraîne
Vous prête des appas plus doux;
Le lendemain d'un rendez-vous,
L'Amant vous reconnoît à peine;
Tous les yeux ſont fixés ſur vous,
Et n'apperçoivent que vos grâces;
Vous ne donnez pas aux dégoûts
Le tems de naître ſur vos traces;
On eſt heureux par vos rigueurs,
Plus heureux par la jouiſſance;
Chacun pourſuit votre inconſtance,
Et s'il n'obtient pas vos faveurs,
Il en a du moins l'eſpérance.

RETOUR A ÉLÉONORE.

AH! ſi jamais on aima ſur la terre,
Si d'un mortel on vit les Dieux jaloux;
Ce fut, alors qu'aſſuré de vous plaire,
J'étois heureux, & l'étois avec vous.
Ce doux lien n'avoit point de modèle;
Moins tendrement le frère aime ſa ſœur,
Le jeune époux ſon épouſe nouvelle,
L'ami ſenſible un ami de ſon cœur.
O toi, qui fus ma Maîtreſſe fidelle,
Tu ne l'es plus! Voilà donc ces amours

Que ta promeſſe éterniſoit d'avance ?
Ils ſont paſſés ; déjà ton inconſtance
En triſtes nuits a changé mes beaux jours.
N'eſt-ce pas moi de qui l'heureuſe adreſſe
Aux voluptés inſtruiſit ta jeuneſſe ?
De tes ſoupirs le premier fut pour moi :
Je te parlai, tu compris mon langage,
Et la rougeur colora ton viſage.
Bientôt après, dans ta paiſible couche
Par le plaiſir conduit furtivement,
J'ai, malgré toi, recueilli de ta bouche
Ce premier cri, ſi doux pour un Amant !
Tu combattois, timide Éléonore,
Mais le combat fut bientôt terminé ;
Ton cœur ainſi te l'avoit ordonné :
Ta main pourtant me refuſoit encore
Ce que ton cœur m'avoit déjà donné.
Tu ſais alors combien je fus coupable ?
Tu ſais comment j'étonnai ta pudeur ?
Avec quels ſoins au terme du bonheur
Je conduiſis ton ignorance aimable ?
Tu ſouriois, tu pleurois à la fois,
Tu m'arrêtois dans mon impatience,
Tu me nommois, tu gardois le ſilence,
Dans les baiſers mourut ta foible voix.
Il m'en ſouvient, oui, dans cette nuit même,

Tu me disois, en tombant dans mes bras;
Aimons toujours, aimons jusqu'au trépas.
Tu le disois! tu n'aimes plus, & j'aime.

A UN AMANT.

CRUEL, as-tu bien le courage
De tourmenter un jeune cœur,
Qui trop soumis, pour son malheur,
Chérit jusqu'à son esclavage?
De l'hymen usurpant les droits,
Ton orgueil prétend-il sans cesse
Ranger sous de pénibles loix
Celle qu'amour fit ta Maîtresse.
Tu dois sans doute être flatté
D'inspirer de tendres allarmes,
Et d'affliger une Beauté
Dont ta main peut sécher les larmes;
Il est doux de la désoler,
Sa douleur la rend plus jolie;
Mais les pleurs que l'on fait couler
Valent-ils ceux que l'on essuie?

A ÉLÉONORE.

Nous renaiſſons, ma chère Éléonore,
Car c'eſt mourir que de ceſſer d'aimer.
Puiſſe le nœud qui vient de ſe former
Avec le tems ſe reſſerrer encore!
Règne ſur moi, mais règne pour toujours ;
Jouis en paix de l'heureux don de plaire.
Que notre vie obſcure & ſolitaire
Coule en ſecret ſous l'aîle des amours,
Comme un ruiſſeau qui murmurant à peine,
Et dans ſon lit reſſerrant tous ſes flots,
Cherche avec ſoin l'ombre des arbriſſeaux,
Et n'oſe pas ſe montrer dans la plaine.
Du vrai bonheur les ſentiers peu connus
Nous cacheront aux regards de l'envie ;
Et l'on dira, quand nous ne ſerons plus :
Ils ont aimé, voilà toute leur vie.

PALINODIE.

JADIS, trahi par ma Maîtresse,
J'osai calomnier l'Amour;
J'ai dit qu'à ses plaisirs d'un jour
Succède un siècle de tristesse;
Alors, dans un accès d'humeur,
Je voulus prêcher l'inconstance:
J'étois démenti par mon cœur,
L'esprit seul a commis l'offense.

Une Amante m'avoit quitté;
Ma douleur s'en prit aux Amantes;
Pour consoler ma vanité,
Je les crus toutes inconstantes:
Le dépit m'avoit égaré.
Loin de moi le plus grand des crimes,
Celui de noircir par mes rimes
Un sèxe toujours adoré
Que l'Amour a fait notre maître,
Qui seul peut donner le bonheur,
Qui sans notre exemple peut-être
N'auroit jamais été trompeur.
Malheur à toi, lyre fidelle,
Où j'ai modulé tous mes airs,

Si jamais un ſeul de mes vers
Avoit offenſé quelque Belle.

Sèxe léger, sèxe charmant,
Vos défauts ſont votre parure ;
Remerciez bien la nature
Qui vous ébaucha ſeulement.
Sa main bizarre & favorable
Vous orne mieux que tous vos ſoins ;
L'on vous aimeroit beaucoup moins,
Si vous étiez toujours aimable.

PRIÈRE AU SOMMEIL.

J'EN ai l'heureuſe promeſſe ;
Vers le milieu de la nuit,
L'Amour m'ouvrira ſans bruit
L'alcove de ma Maîtreſſe.
Garde-toi, Dieu du repos,
De tromper ma douce attente ;
Sur les yeux de mon amante
Ne verſe point tes pavots.
Notre heure eſt loin encore,
Et le tems qu'en vain j'implore
Ne vient pour nous qu'à pas lents ;
Ah! je crains qu'avec adreſſe,

Ta douceur enchantereſſe
Ne ſurprenne enfin ſes ſens,
Et n'endorme ſa tendreſſe.
Pour occuper ſes loiſirs,
Qu'une aimable rêverie
Donne à ſon ame attendrie
L'avant-goût de nos plaiſirs :
Toujours prompte à diſparoître,
La jouiſſance eſt peut-être
Moins douce que les déſirs.

SUR LA MALADIE D'ÉLÉONORE.

C'EN eſt fait, la faux du trépas
Se lève ſur ma jeune amie ;
Le feu d'une fièvre ennemie
Brûle ſes membres délicats.
Je l'ai vue au milieu des peines ;
Sur ſon front j'ai poſé la main,
O douleur ! j'ai ſenti ſoudain
Ce feu qui coule dans ſes veines.
Ses yeux peignoient l'égarement
Et le déſordre de ſon ame ;
Ses yeux, que je vis ſi ſouvent
Briller d'une plus douce flamme,
N'ont point reconnu ſon Amant.

Ah! ſes beaux jours naiſſent à peine ;
O Mort! garde-toi de frapper,
Ou tranche ſa vie & la mienne ;
Tu n'auras qu'un fil à couper.

BILLET.

Apprenez, ma Belle,
Qu'à minuit ſonnant,
Une main fidelle
Une main d'amant
Ira doucement,
Se gliſſant dans l'ombre,
Tourner les verroux
Qui dès la nuit ſombre
Sont tirés ſur vous.
Apprenez encore
Qu'un Amant abhorre
Tout voile jaloux :
Pour être plus tendre,
Soyez ſans atours,
Et ſongez à prendre
L'habit des amours.

L'IMPATIENCE.

Ô CIEL! après huit jours d'abſence,
Après huit ſiècles de déſirs,
J'arrive, & ta froide prudence
Recule l'inſtant des plaiſirs
Promis à mon impatience!
« D'une mère je crains les yeux;
Les nuits ne ſont pas aſſez ſombres;
Attendons plutôt qu'à leurs ombres
Phœbé ne mêle plus ſes feux.
Ah! ſi l'on alloit nous ſurprendre!
Remets à demain ton bonheur;
Crois en l'Amante la plus tendre,
Crois en ſes yeux & ſa rougeur,
Tu ne perdras rien pour attendre ».
Voilà les vains raiſonnemens
Dont tu veux payer ma tendreſſe;
Et tu feins d'oublier ſans ceſſe
Qu'il eſt un Dieu pour les Amans.
Non, une eſpérance incertaine
Ne ſuffit point à mon amour:
Déſirer durant tout un jour,
Ce ſeroit vieillir dans la peine.

C'en eſt fait, je n'écoute rien ;
Finis tes ſages remontrances.
On aime moins que tu ne penſes,
Lorſque l'on raiſonne auſſi bien.

LES ADIEUX.

SÉJOUR triſte, aſile champêtre,
Qu'un charme embellit à mes yeux,
Je vous fuis, pour jamais peut-être!
Recevez mes derniers adieux.
En vous quittant, mon cœur ſoupire ;
Ah! plus de chanſons, plus d'amours.
Éléonore!... Oui, pour toujours
Près de toi je ſuſpends ma lyre.

Fin des Poéſies Érotiques.

LA JOURNÉE CHAMPÊTRE.

ON m'a conté qu'autrefois dans Palerme,
Ville où l'Amour eut toujours des autels,
L'amitié ſut d'un nœud durable & ferme
Unir entre eux quatre jeunes mortels.
Égalité de biens & de naiſſance,
Conformité d'humeur & de penchans,
Tout s'y trouvoit; l'habitude & le tems
De ces liens aſſuroient la puiſſance.
L'aîné d'entre eux ne comptoit pas vingt ans;
C'étoit Volmon, de qui l'air doux & ſage
Montroit un cœur naïf & ſans détour,
Et qui jamais des erreurs du bel âge
N'avoit connu que celle de l'amour.
Loin du fracas & d'un monde frivole,
Dans un réduit préparé de leurs mains,
Nos jeunes gens venoient tous les matins
De l'amitié tenir la douce école.

Ovide un jour occupoit leurs loiſirs :
Florval liſoit d'une voix attendrie
Ces vers touchans, où l'amant de Julie,
De l'âge d'or a chanté les plaiſirs.

D

Cet âge heureux ne seroit-il qu'un songe?
Reprit Dacis, quand Florval eut fini.
N'en doute point, lui répondit Volny;
Tant de bonheur est toujours un mensonge.

FLORVAL.

Et pourquoi donc? toute l'antiquité,
Plus près que nous de cet âge vanté,
En a transmis & pleuré la mémoire.

VOLNY.

L'antiquité ment un peu, comme on sait;
Il faut plutôt l'admirer que la croire.
Ouvre les yeux, vois l'homme; & ce qu'il est,
De ce qu'il fut te donnera l'histoire.

DACIS.

L'enfant qui plaît par ses jeunes attraits,
A soixante ans conserve-t-il ses traits?
Ne mettons point dans la même balance
L'homme d'alors & l'homme d'aujourd'hui;
Il a changé dès-lors qu'il a vieilli.
Si l'univers a jamais pris naissance,
Ces jours si beaux ont dû naître avec lui.

Volmon pensoit; tout-à-coup il se lève:
Mes chers amis, tous trois vous parlez d'or;
Mais je prétends qu'il vaudroit mieux encor
Réaliser entre nous ce beau rêve.

Loin de Palerme, à l'ombre des vergers,
Pour un ſeul jour, devenons tous bergers;
Mais gardons-nous d'oublier nos bergères;
De l'innocence elles ont tous les goûts;
Parons leurs mains de houlettes légères;
L'amour champêtre eſt, dit-on, le plus doux.

Avec tranſport cette offre eſt écoutée;
On la répète, & chacun d'applaudir;
Laure & Zulmis voudroient déjà partir,
Églé ſourit, Naïs eſt enchantée;
Au jour ſuivant le départ eſt conclu;
Ce jour arrive, on part, on eſt rendu.

Sur le penchant d'une haute montagne
La main du goût conſtruiſit un château,
D'où l'œil au loin ſe perd dans la campagne.
De ſes côtés part un double coteau;
L'un eſt couvert d'un antique feuillage
Que la cognée a toujours reſpecté;
Du voyageur il eſt peu fréquenté,
Et n'offre aux yeux qu'une beauté ſauvage.
L'autre préſente un tableau plus riant:
L'épi jaunit; Zéphire, en s'égayant,
Aime à gliſſer ſur la moiſſon dorée,
Et tout auprès la grappe colorée
Fait ſuccomber le rameau chancelant.

Ces deux coteaux, arrondis en ovale,
Forment au loin un vallon ſpacieux
Dont la nature, admirable en ſes jeux,
A bigarré la ſurface inégale.
Ici s'élève un grouppe d'orangers
Dont les fruits d'or pendent ſur des fontaines ;
Plus loin fleurit, ſous l'abri des vieux chênes,
Le noiſettier ſi chéri des bergers ;
A quelques pas, ſe forme une éminence
D'où le paſteur appelle ſon troupeau ;
De là ſon œil ſuit avec complaiſance
Tous les détours d'un paiſible ruiſſeau ;
En ſerpentant, il baigne la prairie,
Il fuit, revient dans la plaine fleurie
Où tour à tour il murmure & ſe tait,
Se rétrécit & coule avec vîteſſe,
Puis s'élargit & reprend ſa pareſſe
Pour faire encor le chemin qu'il a fait :
Mais un rocher barre ſon onde pure ;
Triſte, il paroît étranger dans ces lieux ;
Son ombre au loin s'étend ſur la verdure,
Et l'herbe croît ſur ſon front ſourcilleux :
L'onde, à ſes pieds, revient ſur elle-même,
Ouvre deux bras pour baigner ſes contours,
S'unit encore, & dans ces champs qu'elle aime
Va ſous les fleurs recommencer ſon cours.

Voilà l'asile où la troupe amoureuse
Vient accomplir le projet de Voimon.
Là n'entrent point l'étiquette orgueilleuse
Et les ennuis attachés au bon ton ;
La liberté doit régner au village.
Un jupon court, parsemé de feuillage,
A remplacé l'enflure des panniers ;
Le pied mignon sort des riches souliers,
Pour mieux fouler la verdure fleurie ;
La robe tombe, & la jambe arrondie
A l'œil charmé se découvre à moitié ;
De la toilette on renverse l'ouvrage ;
Dans sa longueur le chignon déployé,
Flotte, affranchi de son triste esclavage ;
La propreté fait place aux ornemens ;
Du corps étroit on a brisé la chaîne ;
Le sein se gonfle & s'arrondit sans peine
Dans un corset noué par les amans ;
Le front, caché sous un chapeau de roses,
Ne soutient plus le poids des diamans ;
La beauté gagne à ces métamorphoses,
Et nos amis dans leur fidélité
Du changement goûtent la volupté.

Dans la vallée on descend au plus vîte,
Et des témoins on fuit l'œil indiscret ;
La liberté, l'amour & le secret

De nos Bergers forment toute la ſuite.
Déjà du ciel l'azur étoit voilé ;
Déjà la nuit de ſon char étoilé
Sur ces beaux lieux laiſſoit tomber ſon ombre ;
D'un pied léger on franchit le coteau,
Et ces chanſons vont réveiller l'écho
Qui repoſoit dans la caverne ſombre :

Couvre le muet univers,
Parois, nuit propice & tranquille,
Et fais tomber ſur cet aſile
La paix qui règne dans les airs.

Ton ſceptre impoſe à la nature
Un ſilence majeſtueux ;
On n'entend plus que le murmure
Du ruiſſeau qui coule en ces lieux.

Sois déſormais moins diligente,
Belle avant-courière du jour ;
La volupté douce & tremblante
Fuit & ſe cache à ton retour.

Tu viens diſſiper les menſonges
Qui berçoient les triſtes mortels,
Et la foule des jolis ſonges
S'enfuit devant les maux réels.

Pour nous, réveillons sans cesse,
Et sacrifions à Vénus ;
Il vient un tems, ô ma Maîtresse,
Où l'on ne se réveille plus.

Le long du bois quatre toits de feuillage
Sont élevés sur les bords du ruisseau ;
Et le sommeil, qui se plaît au village,
N'oublia point cette asile nouveau.

En souriant, l'Amante de Céphale
De la lumière annonçoit le retour,
Et s'appuyant sur les portes du jour,
Laissoit tomber le rubis & l'opale.
Les habitans des paisibles hameaux
Se répandoient au loin dans la campagne ;
La cornemuse éveilloit les troupeaux ;
En bondissant, les folâtres agneaux
Alloient blanchir le flanc de la montagne ;
Triste & tardif, le bœuf au cou penché
Dans les sillons promenoit la charrue ;
D'un pied léger la bergère ingénue
Suivoit sa mère & couroit au marché ;
Déjà Zéphir quittoit le lit de Flore,
Le long du bois la feuille frémissoit,
Et dans les airs son aîle dispersoit
L'esprit des fleurs qui commençoient d'éclore.

De mille oiſeaux le ramage éclatant
De ce beau jour ſaluoit la naiſſance.
Volmon ſe lève & Zulmis le dévance.
Leurs yeux charmés, avec étonnement,
A ſon réveil contemplent la nature :
Ce doux ſpectacle étoit nouveau pour eux ;
Et des cités habitans pareſſeux,
Ils s'étonnoient de fouler la verdure
A l'inſtant même où tant d'êtres oiſifs,
Pour échapper à l'ennui qui les preſſe,
Sur des carreaux dreſſés par la molleſſe
Cherchent enfin quelques pavots tardifs.

En pâliſſant, déjà la jeune aurore
Abandonnoit l'horizon moins vermeil ;
Volny ſoupire, & détourne ſur Laure
Des yeux chargés d'amour & de ſommeil :
A ſes côtés la Belle demi-nue
Dormoit encore ; une jambe étendue
Semble chercher l'aiſance & la fraîcheur,
Et laiſſe voir ſes charmes dont la vue
Eſt pour l'Amant la dernière faveur ;
Sur une main ſa tête ſe repoſe ;
L'autre s'allonge, & pendant hors du lit,
A chaque doigt fait deſcendre une roſe :
Sa bouche encore & s'entr'ouvre & ſourit.

Mais tout-à-coup ſon paiſible viſage
S'eſt coloré d'un vermillon brillant ;
Sans doute alors un ſonge careſſant
Des voluptés lui retraçoit l'image :
Volny qui voit ſon ſourire naiſſant,
Parmi les fleurs qui parfument ſa couche
Prend une roſe, & près d'elle à genoux,
Avec lenteur la paſſe ſur ſa bouche,
En y joignant le baiſer le plus doux.

Pour conſacrer la nouvelle journée,
Floryal entonne un cantique à l'Amour ;
Il exauça l'oraiſon fortunée,
Et deſcendit dans ce riant ſéjour.
Voici les vers qu'on chantoit tour à tour :

Divinités que je regrette,
Hâtez-vous d'animer ces lieux :
Êtres charmans & fabuleux,
Sans vous la nature eſt muette.

Jeune épouſe du vieux Titon,
Pleurez ſur la roſe naiſſante ;
Écho, redeviens une amante ;
Soleil, ſois encore Apollon.

Tendre Io, paiſſez la verdure ;
Nayades, habitez ces eaux,

Et de ces modeftes ruiffeaux
Ennobliffez la fource pure.

Nymphes, courez au fond des bois,
Et craignez les feux du Satyre;
Que Philomèle une autre fois
A Progné conte fon martyre.

Renaiffez, Amours ingénus;
Reviens, volage époux de Flore;
Reffufcitez, Grâces, Vénus,
Sur des païens régnez encore.

C'eft aux champs que l'Amour naquit.
L'Amour fe déplaît à la ville:
Un bocage fut fon afile,
Un gazon fut fon premier lit:
Et les Bergers & les Bergères
Accoururent à fon berceau;
L'azur des cieux devint plus beau;
Les vents de leurs aîles légères
Ofoient à peine rafer l'eau;
Tout fe taifoit, jufqu'au zéphire;
Et dans ce moment enchanteur
La nature fembla fourire
Et rendre hommage à fon auteur.

Zulmis alors ouvre la bergerie,
Et le troupeau qui s'élance foudain

Court deux à deux ſur l'herbe rajeunie ;
Volmon le ſuit la houlette à la main.
Un peu plus loin, Florval & ſon Amante
Gardent auſſi les dociles moutons ;
Ils ſourioient, quand leur bouche ignorante
Sur le pipeau cherchoit en vain des ſons.
Dans un verger planté par la nature,
Où tous les fruits mûriſſent ſans culture,
La jeune Églé porte déjà ſes pas :
Quand les rameaux s'éloignent de ſes bras,
L'heureux Dacis l'enlève avec molleſſe,
Il la ſoutient, & ſes doigts délicats
Vont dégarnir la branche qu'elle abaiſſe.
A d'autres ſoins Volny s'eſt arrêté ;
Entre ſes mains le lait coule & ruiſſelle,
Et près de lui ſon Amante fidelle
Durcit ce lait en fromage apprêté.

Aimables ſoins ! travaux doux & faciles !
Vous occupez, en donnant le repos ;
Bien différens du tumulte des villes,
Où les plaiſirs deviennent des travaux.

Le Dieu du jour, pourſuivant ſa carrière,
Règne en tyran ſur l'univers ſoumis ;
Son char de feu brûle autant qu'il éclaire,
Et ſes rayons, en faiſceaux réunis,

D'un pôle à l'autre embrâſent l'hémiſphère.
Heureux alors, heureux le voyageur
Qui ſur ſa route apperçoit un bocage
Où le zéphir, ſoupirant la fraîcheur,
Fait treſſaillir le mobile feuillage !

Les feux du jour & le même deſſein
Avoient conduit ſur les bords d'un baſſin
Tous nos Bergers étendus ſous l'ombrage :
Je vois tomber les jaloux vêtemens,
Qui dénoués par la main des Amans,
Reſtent épars ſur l'herbe du rivage ;
Un voile ſeul s'étend ſur les appas,
Mais il les couvre & ne les cache pas ;
L'œil entrevoit, l'eſprit voit davantage.
De mille fleurs qui couvrent le gazon
Laure & Dacis vont faire la moiſſon,
Et du baſſin tapiſſent la ſurface :
L'onde gémit ; tous les bras dépouillés
Gliſſent déjà ſur les flots émaillés,
Et le nageur laiſſe après lui ſa trace.
Ces traits cachés, ces charmes arrondis
Sous le mouchoir toujours enſevelis,
L'onde à l'oiſir les baigne & les arroſe ;
Aux lis des champs ſe mêlent d'autres lis ;
La roſe alors s'uniſſant à la roſe

En eſt plus belle, & le doigt du nageur
Par fois s'égare & ſe trompe de fleur.
Bientôt du corps la toile obéiſſante
Suit la rondeur & les contours moëlleux;
L'Amant ſourit & dévore des yeux
De mille attraits la forme ſéduiſante.
Lorſque Zulmis s'élança hors du bain,
L'heureux Volmon l'eſſuya de ſa main.
Qu'avec douceur cette main téméraire
Se promenoit ſur la jeune Bergère
Qui la laiſſa recommencer trois fois!
Qu'avec tranſport il preſſoit ſous ſes doigts
Et la rondeur d'une cuiſſe d'ivoire
Et ce beau ſein dont le bouton naiſſant
Cherche à percer le voile tranſparent!
Ce doux travail fut long, comme on peut croire;
Mais il finit; bientôt de toutes parts
La modeſtie élève des remparts
Entre l'Amante & l'Amant qui ſoupire;
Volmon les voit, & je l'entends maudire
Cet art heureux de cacher la laideur
Qu'on décora du beau nom de pudeur.

Volny s'avance, & prenant la parole:
Par la chaleur retenus dans ces lieux,
Trompons du moins le tems par quelques jeux:
Écoutez donc ce conte aſſez frivole;

HYLAS.

On ſait qu'Hercule aima le jeune Hylas.
Dans ſes travaux, dans ſes courſes pénibles,
Ce bel enfant ſuivoit toujours ſes pas;
Il le prenoit dans ſes mains invincibles;
Ses yeux alors ſe montroient moins terribles,
Le fer cruel ne couvroit plus ſes bras,
Et l'univers, & Vénus & la gloire
Étoient déjà bien loin de ſa mémoire.
Tous deux un jour arrivent dans un bois
Où la chaleur ne pouvoit s'introduire;
En attendant le retour du zéphire,
Le voyageur y dormoit quelquefois.
Notre héros ſur l'herbe fleuriſſante
Laiſſe tomber ſon armure peſante,
Et puis s'allonge & reſpire le frais,
Tandis qu'Hylas d'une main diligente
D'un dîné ſimple ayant fait les apprêts,
Dans le vallon qui s'étendoit auprès
S'en va puiſer une eau rafraîchiſſante.
Il voit de loin un boſquet d'orangers,
Et d'une ſource il entend le murmure;
Il court, il vole où cette ſource pure
Dans un baſſin conduit ſes flots légers.
De ce baſſin les jeunes ſouveraines
Quittoient alors leurs grottes ſouterraines;

Sur le cryſtal leurs membres déployés
S'entrelaçoient & jouoient avec grâce ;
Ils fendoient l'onde, & leurs jeux variés,
Sans la troubler, agitoient ſa ſurface.
Hylas arrive, une cruche à la main,
Ne ſongeant guère aux Nimphes qui l'admirent ;
Il s'agenouille, il la plonge, & ſoudain
Au fond des eaux les Nayades l'attirent.
Sous un beau ciel, lorſque la nuit paroît,
Avez-vous vu l'étoile étincelante
Se détacher de ſa voûte brillante,
Et dans les flots s'élancer comme un trait ?
Dans un verger, ſur la fin de l'automne,
Avez-vous vu le fruit dès qu'il mûrit,
Quitter la tige où long-tems il pendit,
Pour ſe plonger dans l'onde qui bouillonne ?
Soudain il part & l'œil en vain le ſuit.
Tel diſparoît le favori d'Alcide ;
Entre leurs bras les Nimphes l'ont reçu,
Et l'échauffant ſur leur ſein demi-nu,
L'ont fait entrer dans le palais humide.
Bientôt Hercule, inquiet & troublé,
Accuſe Hylas dans ſon impatience ;
Il craint, il tremble, & ſon cœur déſolé
Connoît alors le chagrin de l'abſence.
Il ſe relève, il appelle trois fois,

Et par trois fois, comme un ſouffle inſenſible,
Du ſein des flots ſort une foible voix.
Il rentre & court dans la forêt paiſible,
Il cherche Hylas; ô tourment du déſir!
Le jour déjà commençoit à s'enfuir;
Son ame alors s'ouvre toute à la rage,
La terre au loin retentit ſous ſes pas,
Des pleurs brûlans ſillonnent ſon viſage;
Terrible, il crie : Hylas! Hylas! Hylas!
Du fond des bois écho répond : Hylas!
Et cependant les folâtres déeſſes,
Sur leurs genoux tenant l'aimable enfant,
Lui prodiguoient les plus douces careſſes,
Et raſſuroient ſon cœur toujours tremblant.

Volny ſe tut; les naïves Bergères
Écoutoient bien, mais ne comprenoient guères.

L'Antiquité, ſi charmante d'ailleurs,
Dans ſes plaiſirs n'étoit pas ſcrupuleuſe;
De ſes amours la peinture odieuſe
Dépare un peu ſes écrits enchanteurs.
Lorſqu'ennuyé des baiſers de ſa Belle,
Anacréon, dans ſon égarement,
Porte à Bathyle un encens fait pour elle,
Sa voix afflige & n'a rien de touchant.

Combien de fois, vif & léger Catulle,
En vous lisant, je rougissois pour vous !
Combien de fois, voluptueux Tibulle,
J'ai repoussé dans mes justes dégoûts
Ces vers heureux qui devenoient moins doux!
Et vous encore, ô modeste Virgile?
Votre ame simple & naïve & tranquille
A donc connu la fureur de ces goûts?
Pour Cupidon quand vous quittez les Grâces,
Je suis tenté de vous en aimer moins.
On suit encor vos leçons efficaces;
Mais, pour les suivre, on prend de justes soins;
Et l'on se cache, en marchant sur vos traces.
Vous m'entendez, Prêtresses de Lesbos,
Vous, de Sapho disciples renaissantes?
Ah! croyez-moi, retournez à Paphos,
Et choisissez des erreurs plus riantes:
De votre cœur écoutez mieux la voix;
Ne cherchez point des voluptés nouvelles;
Malgré vos vœux, la nature a ses loix,
Et c'est pour nous que sa main vous fit belles.

Mais revenons à nos premiers plaisirs;
Tournons les yeux sur la troupe amoureuse
Qui dans un bois, refuge des zéphirs,
Et qu'arrosoit une onde paresseuse,
Vient d'apprêter le rustique repas.

La propreté veilloit ſur tous les plats ;
La jeune Flore avec ſes doigts de roſe
Avoit de fleurs tapiſſé le gazon ;
Le Dieu du vin dans le ruiſſeau dépoſe
Ce doux nectar qui trouble la raiſon ;
A ſon aſpect l'appétit ſe réveille ;
Le fruit paroît ; de feuilles couronné,
En pyramide il remplit la corbeille,
Et dans l'oſier le lait empriſonné
Blanchit auprès de la pêche vermeille.

De ce repas on bannit avec ſoin
Les froids bons mots toujours prévus de loin,
Les longs détails de l'intrigue nouvelle,
Les calembours ſi goûtés dans Paris,
Des complimens la routine éternelle,
Et les fadeurs & les demi-ſouris.
La liberté n'y voulut introduire
Que les plaiſirs en uſage à Paphos ;
Le ſentiment dictoit tous les propos,
Et l'on rioit, ſans projetter de rire.

On termina le feſtin par des chants :
La voix d'Eglé molle & voluptueuſe
Fit retentir ſes timides accens,
Et les ſoupirs de la flûte amoureuſe
Mêlés aux ſiens paroiſſoient plus touchans.

L'eau qui fuyoit, pour la voir & l'entendre,
Comme autrefois, n'arrêta point ſon cours;
Le chêne altier n'en devint pas plus tendre,
Et les rochers n'en étoient pas moins ſourds;
Rien ne changea : mais l'oreille attentive
Juſques au cœur tranſmettoit tous ſes ſons;
En les peignant, ſa voix douce & naïve
Faiſoit germer les tendres paſſions.
L'heureux Volny, placé vis-à-vis d'elle,
Volny, charmé de ſa grâce nouvelle,
Et de ſes chants fidèle admirateur,
Applaudiſſoit avec trop de chaleur.
Eglé ſe tait, Volny l'écoute encore,
Et tient fixés ſes regards attendris
Sur cette bouche où voltigent les ris,
Et d'où ſortoit une voix ſi ſonore.
Laure voit tout, que ne voit point l'amour!
De cet oubli ſon ame eſt offenſée,
Et pour venger ſa vanité bleſſée,
Elle prétend l'imiter à ſon tour.
Au ſeul Dacis elle affecte de prendre
Un intérêt qu'elle ne prenoit pas;
Sa voix pour lui vouloit devenir tendre;
Ses yeux diſtraits vouloient ſuivre ſes pas;
Bientôt Volny, trompé par l'apparence,
Croit ce qu'il voit, & gémit en ſilence :

Pour s'aveugler, il fait de vains efforts ;
Et dans ſon cœur, ſi calme juſqu'alors,
La jalouſie a déjà pris naiſſance.
Il nomme Laure, elle ne l'entend plus ;
Il veut parler, on lui répond à peine ;
C'en eſt aſſez ; mille ſoupçons confus
Ont pénétré dans ſon ame incertaine.
Amans, amans, voilà votre portrait !
Un ſort malin vous promène ſans ceſſe
Des pleurs aux ris, des ris à la triſteſſe ;
Un rien vous choque, un rien vous ſatisfait ;
Un rien détruit ce qu'un rien a fait naître ;
Tous vos plaiſirs ſont voiſins d'un tourment ;
Et vos tourmens ſont des plaiſirs peut-être :
Ah ! l'on dit vrai, l'Amour n'eſt qu'un enfant.

Volny rêvoit, à ſa douleur en proie ;
Et ſes amis, égayés par le vin,
Remarquoient peu ſon trouble & ſon chagrin.
Pour modérer les excès de leur joie,
Zulmis s'aſſied, & leur fait ce récit :
Amour dictoit, Amour me l'a redit :

L'ORIGINE DE LA FLÛTE.

DANS ces beaux lieux où paiſible & fidèle
L'heureux Ladon coule parmi les fleurs,
Du Dieu de Gnide une jeune Immortelle
Fuyoit, dit-on, les trompeuſes douceurs ;
C'étoit Syrinx : Pan ſoupira près d'elle,
Et pour ſes ſoins n'obtint que des rigueurs.
Au bord du fleuve, un jour que l'inhumaine
Se promenoit au milieu de ſes ſœurs,
Pan l'apperçoit, & vole dans la plaine,
Bien réſolu d'arracher ces faveurs
Que l'Amour donne & ne veut pas qu'on prenne.
A cet aſpect, tremblant pour ſes appas,
La Nymphe fuit, & ſes pieds délicats,
Sans la bleſſer, gliſſent ſur la verdure.
Déjà la fleur qui formoit ſa parure
Tombe du front qu'elle crut embellir,
Et balancés ſur l'aîle du zéphir,
Ses longs cheveux flottent à l'aventure.
Tremblez, Syrinx ; vos charmes demi-nus
Vont ſe faner ſous une main profane,
Et vous allez des autels de Diane
Paſſer enfin aux autels de Vénus.

Dieu de ces bords, ſauve-moi d'un outrage !
Elle avoit dit; ſur l'humide rivage
Son pied léger s'arrête & ne fuit plus;
Au fond des eaux l'un & l'autre ſe plongent;
Sa voix expire, & dans l'air étendus
Déjà ſes bras en feuilles ſe prolongent;
Son ſein caché ſous un voile nouveau
Palpite encore, en changeant de nature;
Ses cheveux noirs ſe couvrent de verdure,
Et ſur ſon corps qui s'effile en roſeau
Les nœuds pareils, arrondis en anneau,
Des membres nus laiſſent voir la jointure.
Le Dieu, ſaiſi d'une ſoudaine horreur,
S'eſt arrêté; ſous la feuille tremblante
Ses yeux ſéduits & trompés par ſon cœur
Cherchent encor ſa fugitive amante.
Mais tout-à-coup le zéphir empreſſé
Vient ſe poſer ſur la tige naiſſante,
Et par ſes jeux le roſeau balancé
Forme dans l'air une plainte mourante.
Ah! dit le Dieu, ce ſoupir eſt pour moi:
Trop tard, hélas! ſon cœur devient ſenſible.
Nymphe chérie & toujours inflexible,
J'aurai du moins ce qui reſte de toi.
Parlant ainſi, du roſeau qu'il embraſſe,
Ses doigts tremblans détachent les tuyaux;

Il les polit, & la cire tenace
Unit entre eux les différens morceaux.
Bientôt sept trous de largeur inégale
Des tons divers ont fixé l'intervalle;
Sa bouche alors s'y colle avec ardeur:
Des sons nouveaux l'heureuse mélodie,
De ses soupirs imitant la douceur,
Retentissoit dans son ame attendrie.
Reste adoré de ce que j'aimois tant,
S'écria-t-il, raisonne dans ces plaines;
Soir & matin tu rediras mes peines,
Et des amours tu seras l'instrument.

Je le vois trop, reprend la jeune Laure,
On ne sauroit commander aux Amours:
Apollon même, & tous ses beaux discours,
Ne touchent point la Nymphe qu'il adore.
Non, dit Florval, & sur le Pinde encore
Ses Nourrissons, de lauriers couronnés,
Trouvent souvent de nouvelles Daphnés.
La vanité sourit à leur hommage,
On leur prodigue un éloge flatteur;
Mais rarement de l'amour de l'ouvrage
La beauté passe à l'amour de l'auteur.

Lorsque Sapho prenoit sa lyre,
Et lui confioit ses douleurs,

Tous les yeux répandoient des pleurs,
Tous les cœurs sentoient son martyre :
Mais ses chants aimés d'Apollon,
Ses chants heureux, pleins de sa flamme
Et du désordre de son ame,
Ne pouvoient attendrir Phaon.

Gallus, dont la Muse touchante
Peignoit si bien la volupté,
Gallus n'en fut pas moins quitté ;
Et sa Lycoris inconstante
Suivit, en dépit des hivers,
Un soldat robuste & sauvage
Qui faisoit de moins jolis vers,
Et n'en plaisoit que mieux, je gage.

Pétrarque, à ce mot, un soupir
Échappe à tous les cœurs sensibles
Pétrarque, dont les chants flexibles,
Inspiroient par-tout le plaisir,
N'inspira jamais rien à Laure ;
Elle fut sourde à ses accens,
Et Vaucluse répète encore
Sa plainte & ses gémissemens.

Waller soupira pour sa Belle
Les sons les plus mélodieux ;

Il parloit la langue des Dieux,
Et Sachariſſa fut cruelle.

Ainſi ces Peintres enchanteurs
Qui des amours tiennent l'école,
De l'amour qui fut leur idole
N'éprouvèrent que les rigueurs.
Mais leur voix touchante & ſonore
S'eſt fait entendre à l'univers;
Les Grâces ont appris leurs vers,
Et Paphos les redit encore:
Des maux qu'ils ſouffrirent un jour
Ces vers conſacrent la mémoire;
Et leur Muſe, en cherchant l'Amour,
A du moins rencontré la Gloire.

Florval ainſi critiquoit les erreurs
Dont il ne peut garantir ſa jeuneſſe;
Car trop ſouvent aux rives du Permeſſe,
Pour le laurier il négligeoit les fleurs.

De ces récits l'enchaînement paiſible
N'a point diſtrait le chagrin de Volny;
Il étoit jeune, & ſon cœur trop ſenſible
Ne ſavoit pas s'affecter à demi;
Son fol amour alloit juſqu'à l'ivreſſe,
Et ſa douleur juſqu'à l'égarement.

D'un regard ſombre il cherche ſa Maîtreſſe:
La voyant ſeule, il s'approche, en diſant:
Raſſurez-vous, je vais par mon abſence
Favoriſer vos innocens projets.
—Il n'eſt plus tems d'éviter ma préſence,
J'ai pénétré vos ſentimens ſecrets.
—Un autre plaît, & Laure eſt infidelle.
—A vos regards une autre eſt la plus belle.
—En lui parlant, vous avez ſoupiré.
—Vous l'écoutiez, & vous n'écoutiez qu'elle.
—Aimez en paix ce rival adoré.
—Soyez heureux dans votre amour nouvelle.
—Oubliez-moi. —Je vous imiterai.
Volny s'éloigne, & pour cacher ſes larmes,
Du bois voiſin il cherche l'épaiſſeur.
Laure en gémit; les plus vives alarmes
Vont la punir d'un moment de rigueur.
La vanité ſe trouvant ſatisfaite,
Bientôt l'amour parle en maître à ſon cœur:
Elle maudit ſa colère indiſcrète,
S'accuſe ſeule, & cache de ſa main
Les pleurs naiſſans qui mouillent ſon beau ſein.
Naïs approche, à ſa fuite s'oppoſe,
Et la retient tremblante entre ſes bras.
Tous les amis accourent ſur ſes pas;
De ſa triſteſſe on veut ſavoir la cauſe;

Laure pleuroit, & ne répondoit pas.
Ah! dit Volmon, je ſais tout, je parie;
J'ai deviné : Volny nous a laiſſés,
Laure eſt en pleurs; c'eſt une brouillerie;
Lui ſeul a tort, je le connois aſſez.
Non, dit l'Amante, en cachant ſon viſage
Et ſa rougeur dans le ſein de Naïs,
Cette querelle eſt mon funeſte ouvrage.
Que dois-je faire? Ordonnez, j'obéis;
Venez m'aider à réparer mon crime;
Que l'amitié ſe place entre nous deux :
Sans vous, je crains ſes refus dédaigneux
Et ſa rigueur hélas! trop légitime.

Volny déjà, ſeul avec ſon ennui,
Le regard morne & fixé ſur la terre,
Étoit entré dans la même chaumière
Que ſa Maîtreſſe habitoit avec lui.
Foible, il s'aſſied ſur ce lit de feuillage
Si bien connu par un plus doux uſage.
Là tout-à-coup, au milieu des ſanglots,
Son cœur trop plein s'ouvre & laiſſe un paſſage
A la douleur qui s'épanche en ces mots :
Ah! je lirois d'un œil ſec & tranquille
De mon trépas l'arrêt inattendu;
Mais je ſuccombe à ce coup imprévu,
Et ſous ſon poids je demeure immobile.

Oui, pour jamais je renonce aux amours,
A l'amitié cent fois plus criminelle,
Et dans un bois cachant mes triftes jours,
Je haïrai; la haine eft moins cruelle.
Tous fes amis entrent dans ce moment;
Le cœur rempli de crainte & d'efpérance,
Laure fuivoit; elle voit fon Amant,
Et dans fes bras foudain elle s'élance.
Pardonne-moi, redit-elle trois fois,
Et les fanglots coupent fa foible voix.
Volmon, Dacis & les jeunes Bergères,
En fa faveur uniffent leurs prières :
L'ingrat Volny, preffé de toutes parts,
Ne voulut point fe retourner vers Laure;
Il favoit trop qu'un feul de fes regards
Eut obtenu ce pardon qu'elle implore.
—Ah! dans tes yeux mets au moins tes refus.
—Je fuis trahi; non, vous ne m'aimez plus.
Sa main alors repouffe cette Amante
Qui d'un feul mot attendoit fon bonheur;
Mais auffi-tôt condamnant fa rigueur,
Il fe retourne & la voit expirante.
A cet afpect, qu'elle fut fa douleur!
Il la faifit, dans fes bras il la preffe,
Étend les doigts pour rechauffer fon cœur,
Lui parle en vain, la nomme fa maîtreffe,

Et de baifers la couvre avec ardeur.
De ces baifers l'amoureufe chaleur
Rappelle enfin la Bergère à la vie :
Elle renaît & fe voit dans fes bras,
Quel doux moment ! fon ame trop ravie
Retourne encore aux portes du trépas ;
Mais fon ami par de vives careffes
Lui rend encor l'ufage de fes fens.
Qui peut compter leurs nouvelles promeffes,
Leurs doux regrets, leurs tranfports renaiffans !
Volny rougit d'avoir foupçonné Laure ;
Sur lui bientôt Laure reprend fes droits ;
Et ces deux cœurs, fe retrouvant encore,
Sembloient aimer pour la première fois.
Chaque témoin en devint plus fidèle ;
Églé fur-tout regardoit fon Amant,
Et foupiroit après une querelle,
Pour le plaifir du raccommodement.

La troupe fort, & chacun dans la plaine
S'en va treffer des guirlandes de fleurs.
Avec plus d'art mariant les couleurs,
Déjà Dacis avoit fini la fienne,
Quand fa Maîtreffe, épiant le moment,
D'entre fes doigts l'arrache adroitement,
La jette au loin, fourit & prend la fuite ;
Puis en arrière elle tourne des yeux

Qui lui disoient : Viens donc à ma poursuite.
Il la comprit & n'en couroit que mieux.
Mais un faux pas fit tomber la Bergère,
Et du zéphir le souffle téméraire
Vint dévoiler ce qu'on voile si bien ;
On vit, Églé ! mais non, l'on ne vit rien ;
Car ton Amant, réparant toutes choses,
Jetta sur toi des fleurs à pleines mains,
Et dans l'instant tous ces charmes divins
Furent cachés sous un monceau de roses.
De ses deux bras le Berger qui sourit
Entoure Églé, pour mieux cacher sa honte ;
Et ce faux pas rappelle à son esprit
Ce récit court & qui n'est point un conte.

LE COULEUR DE ROSE.

SYMBOLE heureux de la candeur,
Jadis plus modeste & moins belle,
Du lis qui naissoit auprès d'elle
La rose eut, dit-on, la blancheur ;
Elle étoit alors sans épine ;
C'est un fait. Écoutez comment
Lui vint la couleur purpurine ;
J'aurai conté dans un moment.

Dans cet âge de l'innocence
Où les Dieux, un peu plus humains,
Regardoient avec complaisance
L'univers sortant de leurs mains ;
Où l'homme sans aucune étude,
Savoit tout ce qu'il faut savoir ;
Où l'amour étoit un devoir,
Et le plaisir une habitude ;
Sous le bon roi Saturne enfin,
Une Belle au printemps de l'âge,
Une seule, remarquez bien,
Fut cruelle malgré l'usage ;
L'histoire ne dit pas pourquoi ;
Mais elle avoit rêvé, je gage,
Et crut après de bonne foi,
Qu'être vierge c'est être sage.
Je ne veux point vous raconter
Par quel art l'enfant de Cythère
Conduisit la simple Bergère
A ce pas si doux à sauter ;
Dans une aventure amoureuse,
Pour le Conteur & pour l'Amant
Toute préface est ennuyeuse,
Venons bien vîte au dénouement.
Elle y vint donc, & la verdure
Reçut ces charmes faits au tour

Qu'avoit arrondis la nature
Exprès pour les doigts de l'Amour.
Alors une bouche brûlante
Effleure & rebaiſe à loiſir
Ces appas voués au plaiſir,
Mais qu'une volupté naiſſante
N'avoit jamais fait treſſaillir.
La pudeur voit & prend la fuite;
Le Berger fait ce qu'il lui plaît;
La Bergère toute interdite
Ne conçoit rien à ce qu'il fait:
Il ſaiſit ſa timide proie;
Elle redoute ſon bonheur,
Et commence un cri de douleur
Qui ſe termine en cri de joie.

Cependant du gazon naiſſant
Que fouloit le couple folâtre
Une roſe étoit l'ornement;
Une goutte du plus beau ſang
Rougit tout-à-coup ſon albâtre.
Dans un coin le fripon d'Amour
S'applaudiſſoit de ſa victoire,
Et voulant de cet heureux jour
Laiſſer parmi nous la mémoire,
Conſerve à jamais ta couleur,
Dit-il à la roſe nouvelle;

De tes sœurs deviens la plus belle ;
D'Hébé sois désormais la fleur ;
Ne croîs qu'au mois où la nature
Renaît au souffle du printems,
Et d'une beauté de quinze ans
Sois le symbole & la peinture ;
Ne te laisse donc plus cueillir,
Sans faire éprouver ton épine ;
Et qu'en te voyant, on devine
Qu'il faut acheter le plaisir.

Ce récit n'est point mon ouvrage,
Et mes yeux l'ont lu dans Paphos,
A mon dernier pélerinage ;
En apostille étoient ces mots :
Tendres Amans, si d'aventure
Vous trouvez un bouton naissant,
Cueillez ; le bouton, en s'ouvrant,
Vous guérira de la piqûre.

A ce récit qu'elle n'ose applaudir,
Vous eussiez vu la cohorte amoureuse
Baisser les yeux, écouter & rougir ;
Mais, comme on sait, la rougeur est douteuse.

Florval alors s'assied contre un ormeau :
Sur ses genoux ses deux mains rapprochées
Tiennent d'Églé les paupières cachées,

F

Et de ſon front portent le doux fardeau.
Tous à la fois entourent la Bergère
Qui leur préſente une main faite au tour,
Et les invite à frapper tour-à-tour.
Naïs approche & frappe la première ;
Pour mieux tromper elle écarte les doigts,
Et ſur le coup fortement elle appuie ;
La main d'albâtre en fut un peu rougie.
Eglé ſe tourne, examine trois fois,
Et ſur Volmon laiſſe tomber ſon choix.
—Ce n'eſt pas lui ; remettez-vous encore.
Elle obéit, & ſoudain ſon Amant
Avec deux doigts la touche obliquement.
Oh ! pour le coup, dit-elle, c'eſt bien Laure.
Vous vous trompez, reprend-on ſur le champ,
Et l'on ſourit de ſa plainte naïve.
Déjà Zulmis lève une main furtive ;
Mais le joueur, moins juſte que galant,
Ouvre ſes doigts & permet à la Belle
De l'entrevoir du coin de la prunelle :
Cette fois donc Églé devine enfin.
L'autre à ſon tour prend la place, & ſoudain
Sur ſes beaux doigts qui viennent de s'étendre
Eſt dépoſé le baiſer le plus tendre.
—Oh ! c'eſt Volmon, je le reconnois-là.
Volmon ſe tut, mais ſon ſouris parla.

Sur le gazon la troupe dispersée
Goûtoit le frais qui tomboit des rameaux;
Volmon rêvoit à des plaisirs nouveaux,
Et ce discours dévoila sa pensée :

LE COMBAT DU BAISER.

L'HISTOIRE dit qu'à la Cour de Cypris
Se célébroit une fête annuelle,
Où du baiser l'on disputoit le prix.
On choisissoit des Belles la plus belle,
Jeune toujours & n'ayant point d'Amant :
Devant l'autel sa main prêtoit serment;
Puis sous un dais de myrte & de feuillage
Des combattans elle animoit l'ardeur,
Et dans ses doigts elle tenoit la fleur
Qui du succès devoit être le gage.
Les combattans, inquiets & jaloux,
Formant des vœux, arrivoient à la file;
Devant leur juge ils ployoient les genoux,
Et chacun d'eux sur sa bouche docile
De ses baisers imprimoit le plus doux.
Heureux celui dont la lèvre brûlante
Plus mollement avoit su se poser !
Heureux celui dont le simple baiser

Du tendre juge avoit fait une Amante!
Soudain ſur lui les regards ſe fixoient,
Et tous peignoient le déſir ou l'envie;
A ſes côtés les fleurs tomboient en pluie;
Les cris joyeux qui dans l'air s'élançoient,
Le faiſoient roi de l'amoureux empire;
Son nom chéri, mille fois répété,
De bouche en bouche étoit bientôt porté,
Et chaque Belle aimoit à le redire.
Le lendemain, les filles à leur tour
Recommençoient le combat de la veille:
Que de baiſers prodigués dans ce jour!
L'heureux vainqueur ſur ſa bouche vermeille
De ces baiſers comparoit la douceur;
Pluſieurs d'entr'eux ſurpaſſoient ſon attente;
Ses yeux remplis d'une flamme mourante
Laiſſoient alors deviner ſon bonheur;
Ses ſens noyés dans une longue ivreſſe,
Sous le plaiſir languiſſoient abattus;
Auſſi le ſoir, ſa bouche avec molleſſe
S'ouvroit encor, & ne ſe fermoit plus.
Renouvellons la fête de Cythère;
De nos baiſers eſſayons le pouvoir;
Dans l'art heureux de jouir & de plaire
On a toujours quelque choſe à ſavoir.

Non, dit Eglé; ce galant badinage
Ne convient plus, dès qu'on a fait un choix;
Le tendre amour ne veut point de partage,
Et, tout ou rien, eſt une de ſes loix.

Zéphire alors, commençant à renaître,
Vient modérer les feux brûlans du jour;
Chacun retourne à ſon travail champêtre,
Diſons plutôt à celui de l'amour.
Bois favorable, & qui jamais peut-être
N'avois prêté ton ombre à des heureux,
Tu fus alors conſacré par leurs jeux.
Couché ſur l'herbe, entre les bras de Laure,
Volny mouroit & renaiſſoit encore;
Et ſous ſes doigts la pointe du couteau
Grava ces vers ſur le plus bel ormeau :

Si de ma Maîtreſſe chérie
Je dois être aimé conſtamment,
O Dieux ! éterniſez ma vie;
Mourir eſt alors un tourment.
Mais ſi la Beauté que j'adore
Doit enfin m'ôter ſon amour,
Que l'aurore du même jour
Soit pour moi la dernière aurore.

Sur ſon écorce un myrte un peu plus loin
Avoit ces mots écrits ſans aucun ſoin :

Vous, qui venez dans ce bocage,
A mes rameaux qui vont fleurir
Gardez-vous bien de faire outrage ;
Reſpectez mon jeune feuillage,
Il a protégé le plaiſir.

Un lit de fleurs s'étendoit ſous l'ombrage ;
Ce peu de vers en expliquoit l'uſage :

Paſſant, regarde & lis :
Sur la naiſſante écorce
De nos chiffres unis
Vois l'amoureux divorce ;
Contemple auſſi ces lieux ;
Et tu diras ſans doute,
En pourſuivant ta route :
Ici l'on fut heureux.

Au fond d'un antre où la mouſſe légère
Offre aux Amours un utile tapis,
Volmon penché ſur le ſein de Zulmis,
Grava ces mots dictés par la Bergère :

O toi, dont le cœur
Suit une inhumaine,
Veux-tu de la peine
Paſſer au bonheur?
Mène ici ta Belle,
Au déclin du jour;
C'eſt ici qu'amour
Attend la cruelle.

Déjà Phébus, fatigué de ſon cours,
De ſes rayons précipitoit le reſte,
Et s'en alloit dans le ſein des Amours
Se conſoler de la grandeur céleſte;
Son diſque d'or qui touche à l'horiſon
Ne ſe voit plus qu'à travers le feuillage,
Et du côteau s'éloignant davantage,
L'ombre s'allonge & court dans le vallon.
D'un arbre à l'autre une corde attachée
Vers le milieu s'abaiſſe en ſe courbant;
Parmi des fleurs cette corde eſt cachée:
Volmon s'aſſied; & Zulmis à l'inſtant
Sur ſes genoux va chercher une place.
De la verdure effleurant la ſurface,
Ses petits pieds s'agitoient en pendant.
Dacis approche, & d'une main légère
Donne à la corde un long balancement;

Une guirlande attiroit en arrière,
L'autre aussi-tôt ramenoit en avant.
Malgré Zulmis, les jupons infidèles
Flottoient au gré du zéphir caressant ;
Les spectateurs rioient de son tourment,
Et l'encensoient avec des fleurs nouvelles.

Ainsi couloient sous l'aîle de l'Amour
Leurs doux momens consacrés à la joie ;
Et Lachésis, pour former ce beau jour,
Ne fila point avec l'or & la soie ;
Mais la paresse & le Dieu des erreurs
L'avoient filé de pampres & de fleurs.
Enfin, la troupe au château retournée,
De la cité prend le chemin poudreux,
Mais, tous les ans, elle vient dans ces lieux
Renouveller la champêtre journée.

ÉPILOGUE.

C'ÉTOIT ainſi que ma Muſe autrefois,
Fuyant la ville & cherchant la nature,
De l'âge d'or retraçoit la peinture,
Et s'égaroit ſous l'ombrage des bois.
Pour y chanter, je reprenois encore
Ce luth facile, oublié de nos jours,
Et qui jadis dans la main des Amours
Fit réſonner le nom d'Eléonore.
Mon cœur naïf, mon cœur ſimple & trompé,
N'ayant alors que les goûts de l'enfance,
A tous les cœurs prêtoit ſon innocence;
Ce rêve heureux s'eſt bientôt diſſipé!
D'un doigt léger pour moi la Parque file
Depuis vingt ans de cinq autres ſuivis:
La raiſon vient; j'entrevois les ennuis
Qui ſur ſes pas arrivent à la file.
Mes plus beaux jours ſont donc évanouis!
Illuſions, fraîcheur de la jeuneſſe,
Amours naïfs, tranſports, première ivreſſe,
Ah! revenez: mais hélas! je vous perds;

Et ſur le luth mes mains appeſanties
Veulent envain former de nouveaux airs.
Il n'eſt qu'un temps pour les douces folies !
Il n'eſt qu'un temps pour les aimables vers !

Fin de la Journée Champêtre.

LETTRES
ET
POÉSIES FUGITIVES.

FRAGMENT
Du Journal de mon Voyage adreſſé à mon Frère.

Le 4 Juillet 1773.

DEPUIS quarante jours que nous avons quitté l'Orient, les vents nous ont été abſolument contraires, & nous avons toujours couru dans l'Eſt. Hier, à midi, nous nous eſtimions à ſoixante &

quinze lieues des côtes d'Afrique, & nous voguions en toute assurance. La nuit, par un bonheur des plus marqués, a été très-belle ; aucun nuage ne nous déroboit la clarté de la Lune, & nous en avions grand besoin. A deux heures & demie du matin, un Soldat, qui fumoit sur le pont, découvre la terre à une petite demi-lieue devant nous; vous savez que cette distance n'est rien en mer. Il ventoit bon frais, & le Navire, contre son ordinaire, s'avisoit de filer six nœuds (*). Cette terre est la côte de *Maniguette*, située par cinq degrés de latitude-Nord. C'est un pays plat, & qui ne peut être apperçu qu'à une très-petite distance. Nous avions tout auprès de nous l'île de *Palma*. On distinguoit sans peine des cabannes, des hameaux & des rivières. Vous pensez bien que le premier soin a été de virer de bord. Un moment après, on a jetté la sonde ; nous étions par sept brasses. Si le Vaisseau avoit encore parcouru quatre fois sa longueur, c'en étoit fait de nous ; & dans l'instant où je vous écris, un énorme Réquin seroit peut-être occupé à me digérer. *Dî meliora !*

Nous sommes encore à quatre-vingt lieues de la

(*) Deux lieues par heure.

ligne ; la traverſée ſera des plus longues. L'ennui augmente de jour en jour ; c'eſt une monnoie qu'on ſe prête & qu'on ſe rend libéralement : paſſe encore pour s'ennuyer ; mais aller s'échouer !

Le premier Août.

C'eſt du dix-huitième degré de latitude-Sud, à quinze lieues des côtes du Bréſil, à trois lieues d'écueils très-dangereux, & mouillé ſur un banc de roches par quatorze braſſes de fond, que je vous écris aujourd'hui, peut-être pour la dernière fois. Depuis la côte de Maniguette, les vents nous ont obligé de faire toujours route au plus près, & nous avons traverſé avec une rapidité ſingulière le Canal de neuf cents lieues, qui ſépare les côtes d'Afrique de celles du Bréſil. Le point d'hier nous mettoit à cent quarante lieues de terre. Vers le ſoir, on apperçut quelques grappes de Goémon ; la mer commençoit à changer de couleur. Ce matin, mêmes indices de l'approche de terre. L'aventure de Maniguette m'a rendu défiant, & je prévoyois ce qui devoit nous arriver. A dix heures, on crie, *terre ſur l'avant de nous*. On ſonde, vingt-huit braſſes ; un inſtant après, vingt-deux. On vire de bord, & on fait route dans le Nord-Eſt ; mais le calme ſurvient, & le Vaiſſeau n'ayant pas aſſez de vent pour réſiſter à la lame & à la force du courant, la dérive nous portoit inſenſiblement ſur ces écueils que nous voulions éviter. On prépare auſſi-tôt les ancres. Nous avions toujours la ſonde à la main, & nous trouvions toujours vingt-deux braſſes. A midi, un petit frais s'élève; l'eſpérance renaît; on ſe croit délivré du danger; mais les courans trop rapides nous entraînoient toujours ſur la terre. A trois heures, on ſonde encore, & l'on n'a plus que dix-huit braſſes; un demi-quart d'heure après quatorze braſſes; auſſitôt on amène toutes les voiles, & l'on jette l'ancre.

Voilà notre ſituation préſente. Je vous épargne les réflexions; j'ai tout le loiſir d'en faire, & n'ai pas le courage de les écrire. La crainte & la conſternation ſont répandues dans le Vaiſſeau; la tranquillité feinte des chefs n'en impoſe à perſonne.

Nous allons paſſer la nuit à l'ancre. Sommeil, viens tirer le rideau ſur tous les objets de la veille. Viens, & ſi je dois trouver ici le terme de mes jours, puiſſe-je du moins franchir dans tes bras, & ſans m'en appercevoir, ce pas inévitable & ſi redouté!

O toi, mon frère & mon ami! mon triſte cœur t'appelle. Je vois d'un œil tranquille tout ce qui m'environne; c'eſt toi ſeul, c'eſt ton ſouvenir qui m'arrache des larmes. Mes derniers regards ſe tourneront vers la France, & mon dernier ſoupir ſera pour toi.

Le 2 Août, à huit heures du matin.

Je n'ai jamais paſſé une ſi bonne nuit; mon ſommeil n'a été troublé par aucun rêve affligeant. On s'eſt apperçu que, malgré nos deux ancres, le courant nous entraînoit; on en a jetté une troiſième. Le premier Pilote, qui a la confiance de tout le Vaiſſeau, & qui la mérite ſeul, eſt allé à la découverte.

A trois heures après-midi.

Voilà le canot qui reparoît; tous les regards ſont tournés ſur lui. On ne parle point; on n'oſe ſe regarder, de peur de retrouver ſes craintes dans les yeux des autres; c'eſt un tableau frappant; mais pour bien l'obſerver, peut-être ſeroit-il néceſſaire de n'en pas faire partie.

A ſix heures du ſoir.

Le bienheureux canot vient d'arriver enfin. Voici ce que m'a raconté l'Officier qui le commandoit: A deux lieues du Navire, ils ont apperçu une voiſe, à perte de vue, & ils ont dirigé leur courſe de ce côté-là. En trois heures de tems, ils eurent joint l'objet; c'étoit un petit bâtiment de pêcheurs. Ils l'ont abordé, & ont trouvé un Vieillard blanc avec dix Nègres. Ces gens furent bien étonnés de rencontrer en pleine mer un canot qui paroiſſoit venir du large. Un de nos matelots ſavoit par bonheur le Portugais; ſans cela, toute leur bonne volonté nous eût été inutile. Le banc ſur lequel nous ſommes n'eſt dangereux que lorſqu'on n'en a aucune connoiſſance; il s'étend à quarante lieues en tout ſens; on y trouve par-tout au moins douze braſſes de fond. Les îlots, dont le voiſinage nous effraie un peu, ſont des rochers nommés *Abrolhos*, célèbres par plus d'un naufrage.

Le 4 Août.

Ce matin, à huit heures, nous avons appareillé avec un bon frais qui dure encore, & qui nous eſt bien néceſſaire. On ſonde d'heure en heure. Le fond eſt très-inégal; nous avons alternativement quarante, douze & vingt braſſes.

Le 5 Août.

Dans la nuit, nous avons perdu totalement le fond. On parle beaucoup d'une relâche à *Rio-Janeiro*. Il y a cinquante hommes sur les cadres.

Le 6 Août.

Nous découvrîmes hier au soir la petite île *du Repos*, qui n'est qu'à quatre lieues de la terre ferme. L'île du Repos ! que ce nom flatte agréablement l'oreille & le cœur ! Bonheur, aimable tranquillité, s'il étoit vrai que vous fussiez renfermés dans ce point de notre globe, il seroit le terme de ma course. J'irois y ensevelir pour jamais mon existence. Inconnu à l'Univers que j'aurois oublié, j'y coulerois des jours aussi sereins que le Ciel qui les verroit naître. Je vivrois sans désirs, & je mourrois sans regrets.

C'est ainsi que je m'abandonnois aux charmes de la rêverie, & mon ame se plaisoit dans ces idées mélancoliques, lorsque reprenant tout-à-coup leur cours naturel, mes pensées se tournèrent vers Paris ; adieu tous mes projets de retraite. L'île du Repos ne me parut plus que l'île de l'Ennui ; mon cœur m'avertit que le bonheur n'est pas dans la solitude, & l'Espérance vint me dire à l'oreille : tu les reverras ces Épicuriens aimables, qui portent en écharpe le ruban gris-de-lin, & la grappe de raisin couronnée de myrte; tu la reverras cette maison, non pas de plaisance, mais de plaisir, où l'œil des profanes ne pénètre jamais; tu la reverras

Cette *Cazerne*, heureux séjour
Où l'amitié, par prévoyance
Ne reçoit le fripon d'Amour
Que sous serment d'obéissance;
Où la paisible égalité,
Passant son niveau favorable
Sur les droits de la vanité,
Ne permet de rivalité
Que dans les combats de la table;
Où l'on ne connoît d'ennemis
Que la raison toujours cruelle;
Où jeux & ris font sentinelle,
Pour mettre en fuite les ennuis;
Où l'on porte, au lieu de cocarde,
Un feston de myrte naissant,
Un thyrse au lieu de hallebarde,
Un verre au lieu de fourniment;
Où l'on ne fait jamais la guerre
Que par d'agréables bons mots
Lancés & rendus à propos;

Où le vaincu dans sa colère
Du nectar fait couler les flots,
Et vide insolemment son verre
A la barbe de ses rivaux.
Cette ordonnance salutaire
Est écrite en lettres de fleurs
Sur la porte du sanctuaire,
Et mieux encor dans tous les cœurs :

« De par nous, l'Amitié fidelle,
Et plus bas, Bacchus & l'Amour :
Ordonnons qu'ici, chaque jour
Amène une fête nouvelle ;
Que l'on y pense rarement,
De peur de la mélancolie ;
Qu'on y préfère sagement
A la sagesse la folie,
A la raison le sentiment ;
Et qu'on y donne à la paresse,
A l'art peu connu de jouir,
Tous les momens de la jeunesse ;
Car tel est notre bon plaisir ».

Le 16 Août.

A peine la relâche de *Rio-Janeiro* a été décidée, que les vents ont changé, & nous ont repoussés au large. La bourasque a duré quatre jours, & nous ſommes depuis trois mouillés à l'entrée de la rade. Le Capitaine de port ſe rendit à notre bord, hier au matin, & d'après les inſtructions qu'il nous a données, deux de nos Officiers ſont allés demander au Vice-Roi la permiſſion d'entrer. Cette précaution eſt néceſſaire à tous les Vaiſſeaux étrangers qui veulent relâcher à *Rio-Janeiro.* Ces gens-ci ſe reſſouviennent de Duguay-Trouin, & les Français n'en ſont point aimés.

Le 17 *Août.*

Le canot fut de retour hier au ſoir avec la permiſſion, & nous appareillâmes ſur le champ. En paſſant devant le premier Fort, qui eſt à quatre lieues de la Ville, nous ſaluâmes de treize coups de canon, & ils nous furent rendus. Il nous arriva de terre un canot d'eſcorte, pour veiller à la contrebande, & pour empêcher le débarquement.

Nous venons d'avoir la viſite du Commiſſaire & celle du Médecin. Le premier a demandé au Capitaine es raiſons qui l'obligeoient à relâcher, & quels étoient ſes beſoins; il a examiné les Cartes, les Journaux, & le Procès-Verbal qu'on avoit dreſſé d'avance. Le Médecin a viſité les malades, & ils ont barbouillé l'un & l'autre une douzaine de feuilles de grand papier.

Nous jouiſſons dans cette rade du ſpectacle le plus intéreſſant & le plus agréable. L'entrée offre tout ce qu'on peut imaginer de plus beau : des forts, des batteries, des retranchemens, des montagnes & des collines couvertes de bananiers ou d'orangers, de jolies maiſons de campagne diſperſées çà & là, & un air d'abondance & de bonheur répandu de toutes parts.

Le 19 Août.

Hier, à midi, nous eumes une audience publique du Vice-Roi. Le Palais eſt vaſte ; mais l'extérieur & ce que j'ai vu de l'intérieur, ne répondent pas à la richeſſe de la Colonie. On nous reçut d'abord avec cérémonie dans une grande avant-ſalle ; puis un rideau ſe leva, & nous laiſſa voir le Vice-Roi environné de toute ſa Cour. Il nous reçut poliment, accorda au Capitaine la relâche, & aux paſſagers la permiſſion de ſe promener dans la Ville. Après l'audience, nous fîmes des viſites militaires, & nous revinmes dîner à bord. Il nous eſt défendu de manger à terre, & encore plus d'y coucher.

Grâce à de bonnes jalouſies doubles, bien entretenues par les maris, nous n'avons vu aucune Portugaiſe. Elles ne ſortent jamais qu'après l'*Angelus*, qui ſe dit à ſix heures du ſoir, & c'eſt préciſément l'inſtant auquel nous ſommes obligés de regagner notre priſon.

La Ville eſt grande; les maiſons ſont baſſes & mal bâties; les rues bien alignées, mais fort étroites.

Après-midi, nous deſcendîmes à terre. Trois Officiers vinrent nous recevoir ſur le rivage; c'eſt l'uſage ici; les étrangers ſont toujours accompagnés. Nous allâmes à une foire qui ſe tient à une demi-lieue de la Ville. Chemin faiſant, j'eus le plaiſir de voir pluſieurs Portugaiſes qui ſoulevoient leurs jalouſies pour nous examiner. Il y en avoit très-peu de jolies; mais une navigation de trois mois, & la difficulté de les voir les rendoient charmantes à mes yeux.

On ne trouvoit à cette foire que des pierreries mal taillées, mal montées, & d'un prix exceſſif. Pendant que nous portions de tous côtés nos regards, un Eſclave vint prier nos Conducteurs de nous faire entrer dans un Jardin voiſin. Nous y trouvâmes quatre tentes bien dreſſées. La première, renfermoit une chapelle, dont tous les meubles étoient d'or & d'argent maſſifs, & travaillés avec un goût exquis ; la ſeconde contenoit quatre lits ; les rideaux étoient d'une étoffe précieuſe de Chine peinte dans le pays, les couvertures de damas enrichi de franges & de glands d'or, & les draps d'une mouſſeline brodée garnie de dentelle ; la troiſième ſervoit de cuiſine, & tout y étoit d'argent : quand j'entrai dans la quatrième, je me crus tranſporté dans un de ces Palais de Fée bâtis par les Romanciers. Dans les quatre angles étoient quatre buffets chargés de vaiſſelle d'or, & de grands vaſes de criſtal qui contenoient les vins les plus rares ; la table étoit couverte d'un magnifique ſurtout, & des fruits d'Europe & d'Amérique. La gaité qui régnoit parmi nous ajoutoit encore à l'illuſion. Tout ce que je mangeai me parut délicieux & apprêté par la main des Génies : je croyois avaler le nectar, & pour achever l'enchantement, il ne manquoit plus qu'une Hébé. Nous ſortimes de ce lieu de délices en remerciant le Dieu qui les faiſoit naître ; ce Dieu eſt un Seigneur âgé d'environ cinquante ans ; il eſt puiſſamment riche, mais il doit plus qu'il ne poſsède. Sa ſeule paſſion eſt de manger ſon bien & celui des autres dans les plaiſirs & la bonne chère. Il fait tranſporter ſes tentes par-tout où il croit pouvoir s'amuſer, & il décampe auſſi-tôt qu'il s'ennuie. Cet homme-là eſt un charmant Épicurien ; il eſt digne de porter le ruban gris-de-lin.

Le 21 Août.

Même fête hier chez l'homme aux Quatre Tentes ; mais beaucoup plus brillante, parce qu'il avoit eu le tems de la préparer ; cependant pas un ſeul minois féminin.

Nous fîmes auſſi pluſieurs viſites qui remplirent agréablement la ſoirée. Les femmes nous reçoivent on ne peut mieux, & comme des animaux curieux qu'on voit avec plaiſir. Elles ſont toutes très-brunes ; elles ont de beaux cheveux relevés négligemment, un habillement qui plaît par ſa ſimplicité, de grands yeux, noirs & volupteux, & leur caractère, naturellement enclin à l'amour, ſe peint dans leur regard.

Le 25 Août.

Nous eumes hier un joli concert ſuivi d'un bal. On ne connoît ici que le menuet. J'eus le plaiſir d'en danſer pluſieurs avec une Portugaiſe charmante de ſeize ans & demi ; elle a une taille de Nymphe, une phyſionomie piquante, *& la grâce plus belle encore que la beauté.* On la nomme *Donna Thereſa.*

Je ne vous dirai rien des Égliſes ; les Portugais

ſont par-tout les mêmes. Elles ſont d'une richeſſe étonnante ; il n'y manque que des ſièges.

J'aurois été charmé de connoître l'Opéra de Rio-Janeiro ; mais le Vice-Roi n'a jamais voulu nous permettre d'y aller.

Ce pays-ci eſt un paradis terreſtre. La terre y produit abondamment les fruits de tous les climats ; l'air y eſt ſain ; les mines d'or & de pierreries y ſont très-nombreuſes ; mais à tous ces avantages il en manque un, qui peut ſeul donner du prix aux autres, c'eſt la liberté. Tout eſt ici dans l'eſclavage ; on y peut entrer, mais on n'en ſort guère ; en général, les Colons ſont mécontens & fatigués de leur ſort.

Le 15 Septembre.

Le cinq de ce mois nous quittâmes Rio-Janeiro. Les vents nous ont toujours favoriſés. Hier, pendant toute la journée, il a venté bon frais ; le Ciel étoit ſombre ; tout annonçoit un gros tems. Dans la nuit, le vent a ſoufflé avec violence ; le tonnerre s'eſt fait entendre de trois côtés différens, & les lames venoient déferler ſur la dunette. Réveillé par le bruit de la tempête, à une heure, je monte ſur le pont. Nous étions à ſec de voiles, & dans cet état le navire filoit huit nœuds. Peignez-vous à la fois le sifflement du vent & de la pluie, les éclats du tonnerre, le mugissement des flots, qui venoient se briser avec impétuosité contre le vaisseau, & un bourdonnement sourd & continuel dans les cordages; ajoutez à tout cela l'obscurité la plus profonde, & un brouillard presque solide que l'ouragan chassoit avec violence; vous aurez une légère idée de ce que j'observois alors tout à mon aise. Je vous avoue que dans ce moment je me suis dit tout bas : *Illi robur & æs triplex.* Vers les trois heures, la tempête a été dans toute sa force; de longs éclairs tomboient sur le gaillard, & y laissoient une odeur insupportable; la mer paroissoit de feu; un silence effrayant régnoit sur le pont; on n'entendoit que la voix de l'Officier de quart qui crioit par intervalle : *stribord, bâbord.* Ce grain a duré une demi-heure, & il a été tout-à-coup terminé par un grand calme.

LETTRE

A M. LE CHEVALIER DE B....

Du Cap de Bonne-Espérance, le 3 Novembre 1773.

C'EST ici que l'on voit deux choses bien cruelles,
Des maris ennuyeux & des femmes fidelles,
Car l'Amour, tu le sais, n'est pas Luthérien;
C'est ici qu'alentour d'une vaste théïère,
Près d'un large fromage & d'un grand pot à bière,
L'on digère, l'on fume, & l'on ne pense à rien;
C'est ici que l'on a santé toujours fleurie,
Visage de chanoine & panse rebondie;
C'est dans ces lieux enfin qu'on nous fait aujourd'hui
Avaler à long traits le *constance* & l'ennui.

On a bien raison de dire, *chaque pays, chaque mode.* En France, les filles ne s'observent que dans l'extérieur; l'Amant est toujours celui qu'on reçoit avec le plus de froideur; c'est celui auquel on veut faire le moins d'attention; & de l'air le plus décent & le plus réservé, on lui donne un rendez-vous pour la nuit. Ici tout au rebours. Vous êtes accueilli avec un air d'intelligence & d'amitié qui, parmi nous, ſignifieroit beaucoup ; vos yeux peuvent s'expliquer en toute aſſurance ; on leur répond ſur le même ton ; on vous paſſe le baiſer ſur la main, ſur la joue, même celui qui ſemble le plus expreſſif ; enfin, on vous accorde tout, excepté la ſeule choſe qui s'accorde parmi nous.

Que faire donc ? Je ne fume jamais ; la fidélité matrimoniale eſt bien ennuyeuſe ; dans une intrigue où le cœur n'eſt que chatouillé, on ne viſe qu'au dénouement. La promenade eſt mon unique plaiſir : Triſte plaiſir à vingt ans ! Je la trouve dans un jardin magnifique, qui n'eſt fréquenté que par les Oiſeaux, les Dryades & les Faunes. Les Divinités de ces lieux s'étonnent de me voir ſans pipe & un livre à la main. C'eſt-là que je jouis encore par le ſouvenir de ces momens paſſés avec toi, des douceurs de notre amitié, de nos folies & des charmes de la *Caʒerne*. C'eſt-là que je t'écris, tandis que tu m'oublies peut-être dans Paris :

Tandis qu'entouré de plaiſirs
Toujours aimé, toujours aimable,
Tu ſais partager tes loiſirs
Entre les Muſes & la table.
Adieu ; conſerve tous ces goûts ;
Vole toujours de Belle en Belle,

Au Parnaſſe fais des jaloux,
A l'Amitié reſte fidèle.
Puiſſes-tu, dans ſoixante hivers,
Cueillir les fleurs de la jeuneſſe,
Careſſer encor ta Maîtreſſe
Et la chanter en jolis vers.

LETTRE AU MÊME.

De l'île de Bourbon, le 19 Janvier 1775.

TU veux donc, mon Ami, que je te faſſe connoître ta patrie ? tu veux que je te parle de ce pays ignoré que tu chéris encore, parce que tu n'y es plus. Je vais tâcher de te ſatisfaire en peu de mots.

L'air eſt ici très-ſain. La plupart des maladies y ſont totalement inconnues. La vie eſt douce, uniforme, & par conſéquent fort ennuyeuſe. La nourriture eſt peu variée. Nous n'avons qu'un petit nombre de fruits, mais ils ſont excellens.

Ici, ma main dérobe à l'oranger fleuri
Ces pommes dont l'éclat ſéduiſit Athalante ;
Ici, l'ananas plus chéri
Elève avec orgueil ſa couronne brillante ;
De tous les fruits enſemble il réunit l'odeur.

A côté, l'atte pierreuſe
Livre à mon appétit une crême flatteuſe;
La grenade plus loin s'entr'ouvre avec lenteur;
La banane jaunit ſous ſa feuille élargie;
La mangue me prépare une chair adoucie;
Un miel ſolide & dur pend au haut du dattier;
La pêche croît auſſi ſur ce lointain rivage,
Et plus propice encor, l'utile cocotier
Me prodigue à la fois le mets & le breuvage.

Voilà tous les préſens que nous fait Pomone; pour l'Amante du Zéphir, elle ne viſite qu'à regret ces climats brûlans.

Je ne ſais pourquoi les Poètes ne manquent jamais d'introduire un printems éternel dans les pays qu'ils veulent rendre agréables; rien de plus maladroit. La variété eſt la ſource de tous nos plaiſirs, & le plaiſir ceſſe de l'être quand il devient habitude. Vous ne voyez jamais ici la Nature rajeunie; elle eſt toujours la même. Un verd triſte & ſombre vous donne toujours la même ſenſation. Ces orangers couverts en même tems de fruits & de fleurs, n'ont pour moi rien d'intéreſſant, parce que jamais leurs branches dépouillées ne furent blanchies par les frimats. J'aime à voir la feuille naiſſante briſer ſon enveloppe légère; j'aime à la voir croître, ſe développer, jaunir & tomber. Le printems plairoit beaucoup moins, s'il ne venoit après l'hiver.

O mon Ami ! lorſque mon exil ſera fini, avec quel plaiſir je reverrai *Feuillancour* au mois de Mai ! avec quelle avidité je jouirai de la Nature ! avec quelles délices je reſpirerai les parfums de la campagne ! avec quelle volupté je foulerai le gazon fleuri ! les plaiſirs perdus ſont toujours les mieux ſentis. Combien de fois n'ai-je pas regretté le chant du Roſſignol & de la Fauvette ! Nous n'avons ici que des oiſeaux braillards dont le cri importun attriſte à la fois l'oreille & le cœur. En comparant ta ſituation à la mienne, apprends, mon Ami, à jouir de ce que tu poſsèdes.

Nous avons, il eſt vrai, un Ciel toujours pur & ſerein ; mais nous payons trop cher cet avantage. L'eſprit & le corps ſont anéantis par la chaleur ; tous leurs reſſorts ſe relâchent. L'ame eſt dans un aſſoupiſſement continuel ; l'énergie & la vigueur intérieures ſe diſſipent par les pores. Il faut attendre le ſoir, pour reſpirer ; mais vous cherchez en vain des promenades.

D'un côté, mes yeux affligés
N'ont pour ſe repoſer qu'un vaſte amphithéâtre

De rochers escarpés que le tems a rongés.
De rares arbrisseaux, par les vents outragés,
Y croissent tristement sur la pierre rougeâtre;
Et des lataniers allongés
Y montrent loin à loin leur feuillage grisâtre.
Trouvant leur sûreté dans leur peu de valeur,
Là d'étiques perderaux, de leurs aîles bruyantes,
Rasent impunément les herbes jaunissantes,
Et s'exposent sans crainte au canon du chasseur.
Du sommet des remparts dans les airs élancée,
La cascade à grand bruit précipite ses flots,
Et roulant chez Thétis son onde courroucée,
Du Nègre infortuné renverse les travaux.
Ici, sur les confins des États de Neptune,
Où jour & nuit son Épouse importune
Affige les Echos de longs mugissemens,
Du milieu des sables brûlans
Sortent qnelques toits de feuillage.
Là jamais le Zéphir volage
Ne rafraîchit l'air enflammé;
Sous les feux du Soleil le corps inanimé
Reste sans force & sans courage.
Quelquefois l'Aquilon bruyant,
Sur ses aîles portant l'orage,
S'élance du sombre Orient:
Dans ses antres l'onde profonde

S'émeut, s'enfle, mugit & gronde;
Au loin fur la voûte des Mers
On voit des montagnes liquides
S'élever, s'approcher, s'élancer dans les airs,
Retomber & courir fur les fables humides;
Les flammes du volcan brillent dans le lointain;
L'Océan franchit fes entraves,
Inonde nos jardins, & porte dans nos caves
Des poiffons étonnés de nager dans le vin.

Le bonheur, il eft vrai, ne dépend pas des lieux qu'on habite. La fociété, pour peu qu'elle foit douce & amufante, dédommage bien des incommodités du climat. Je vais effayer de te faire connoître celle qu'on trouve ici.

Le caractère du Créole eft généralement bon; c'eft dommage qu'il ne foit pas à même de le polir par l'éducation. Il eft franc, généreux, brave & téméraire. Il ne fait pas couvrir fes véritables fentimens du mafque de la bienféance; fi vous lui déplaifez, vous n'aurez pas de peine à vous en appercevoir. Il ouvre aifément fa bourfe à ceux qu'il croit fes amis. N'étant jamais inftruit des détours de la chicane ni de ce qu'on nomme *les affaires*, il fe laiffe fouvent tromper. Le préjugé du point d'honneur eft refpecté chez lui plus que par-tout ailleurs. Il eſt ombrageux, inquiet & ſuſceptible à l'excès. Il ſe prévient facilement, & ne pardonne guère. Il a une adreſſe peu commune pour tous les arts méchaniques ou d'agrément. Il ne lui manque que de s'éloigner de ſa patrie & d'apprendre. Son génie indolent & léger n'eſt pas propre aux ſciences & aux études ſérieuſes. Il n'eſt pas capable d'application, & ce qu'il fait, il le fait ſuperficiellement & par routine.

On ne ſe doute pas dans notre île de ce que c'eſt que l'éducation. L'enfance eſt l'âge qui demande de la part des parens le plus de prudence & le plus de ſoins. Ici l'on abandonne les enfans aux mains des eſclaves; ils prennent inſenſiblement les goûts & les mœurs de ceux avec qui ils vivent; auſſi, à la couleur près, très-ſouvent le maître reſſemble parfaitement à l'eſclave. A ſept ans, quelque ſoldat ivrogne leur apprend à lire, à écrire, & leur enſeigne les quatre premières règles d'Arithmétique; alors l'éducation eſt complette.

Le Créole eſt bon ami, amant inquiet & mari jaloux; (ce qu'il y a d'impayable, c'eſt que les femmes partagent ce dernier ridicule avec leurs époux, & que la foi conjugale n'en eſt pas mieux gardée de part & d'autre.) Il eſt vain & entêté; il méprise ce qu'il ne connoît pas, & il connoît peu de chose ; il est plein de lui-même, & vide de tout le reste. Ce fond d'orgueil & de suffisance vient de l'ignorance & de la mauvaise éducation. Ici, dès qu'un homme peut avoir six pieds de maïs, deux Caffiers, & un Négrillon, il se croit tiré de la cuisse de Jupiter. Tel qui galoppe à cru dans la plaine, une pipe à la bouche, en grands caleçons & les pieds nuds, changeroit à peine son sort contre celui du Roi de France. C'est ce qui arrivera nécessairement dans tous les pays où il n'y aura pas de Peuple, où tous les rangs seront confondus, & où la dénomination d'habitant mettra de niveau toutes les conditions.

D'ailleurs, accoutumé, comme on l'est ici depuis l'enfance, à parler en maître à des esclaves, on n'apprend guère, ou l'on oublie aisément ce qu'exigent un égal & un supérieur. Il est difficile de ne pas rapporter de l'intérieur de son domestique ce ton décisif, & cet esprit impérieux que révolte la plus légère contradiction. C'est aussi ce qui entretient cette paresse naturelle au Créole, & qui prend sa source dans la chaleur du climat.

Le sèxe dans ce pays n'a pas à se plaindre de la Nature. Nous avons peu de belles femmes, mais presque toutes sont jolies ; & l'extrême propreté, si rare en France, embellit jusqu'aux laides. Elles ont en général une taille avantageuse & de beaux yeux. La chaleur excessive empêche les lis & les roses d'éclore sur leur visage. Cette chaleur flétrit encore avant le tems d'autres attraits plus précieux. Ici une femme de vingt-cinq ans en a déjà quarante. Il existe un proverbe exclusif en faveur des petits pieds ; pour l'honneur de nos Dames, je m'inscris en faux contre ce proverbe. Il leur faut de la parure, & j'ose dire que le goût ne préside pas toujours à leur toilette. La nature, quelque négligée qu'elle puisse être, est plus agréable qu'un art mal-adroit. Ce principe devroit aussi les guider dans les manières étrangères qu'elles copient, & dans toutes ces grâces prétendues où l'on s'efforce de n'être plus soi-même.

Les jalousies secrettes & les tracasseries éternelles règnent ici plus que dans aucun village de Province ; aussi nos Dames se voient peu entr'elles. On ne sort que pour les visites indispensables ; car l'étiquette est ici singulièrement respectée ; nous commençons à avoir une cérémonie, une mode, un bon ton.

L'enfance de cette Colonie a été semblable à

l'âge d'or. D'excellentes tortues couvroient la surface de l'île ; le gibier venoit de lui-même s'offrir au fusil. La bonne foi tenoit lieu de code. Le commerce des Européens a tout gâté. Le Créole s'est dénaturé insensiblement ; il a substitué à ses mœurs simples & vertueuses des mœurs polies & corrompues ; l'intérêt a désuni les familles ; la chicane est devenue nécessaire ; le chabouc a déchiré le Nègre infortuné ; l'avidité a produit la fourberie, & nous en sommes maintenant au siècle d'airain.

Je te sais bon gré, mon Ami, de ne pas oublier les Nègres dans les instructions que tu me demandes. Ils sont hommes, ils sont malheureux ; c'est avoir bien des droits sur une ame sensible. Non, je ne saurois me plaire dans un pays où mes regards ne peuvent tomber que sur le spectacle de la servitude ; où le bruit des fouets & des chaînes étourdit mon oreille & retentit dans mon cœur. Je ne vois que des tyrans & des esclaves, & je ne vois pas mon semblable. On troque tous les jours un homme contre un cheval ; il est impossible que je m'accoutume à une bizarrerie si révoltante. Il faut avouer que les Nègres sont moins maltraités ici que dans nos autres Colonies. Ils sont vêtus ; leur nourriture est saine & assez abondante. Mais ils ont la pioche à la main depuis quatre heures du matin jusqu'au coucher du soleil ; mais leur maître, en revenant d'examiner leur ouvrage, répète tous les soirs : *ces gueux-là ne travaillent point* ; mais ils sont esclaves, mon Ami : cette idée doit bien empoisonner le maïs qu'ils dévorent & qu'ils détrempent de leurs sueurs. Leur patrie est à deux cent lieues d'ici ; ils s'imaginent cependant entendre le chant des coqs, & reconnoître la fumée des pipes de leurs camarades. Ils s'échappent quelquefois au nombre de douze ou quinze, enlèvent une pirogue, & s'abandonnent sur les flots. Ils y laissent presque toujours leur vie, & c'est peu de chose lorsqu'on a perdu la liberté. Quelques-uns ont eu le bonheur de gagner Madagascar ; mais leurs compatriotes les ont tous massacrés, disant qu'ils revenoient d'avec les Blancs, & qu'ils avoient trop d'esprit. Malheureux ! ce sont plutôt ces mêmes Blancs qu'il faut repousser de vos paisibles rivages. Mais il n'est plus tems ; vous avez déjà pris nos vices avec nos piastres. Ces misérables vendent leurs enfans pour un fusil, ou pour quelques bouteilles d'eau-de-vie.

Dans les premiers tems de la Colonie, les Nègres se retiroient dans les bois, & de là ils faisoient des incursions fréquentes dans les habitations éloignées. Aujourd'hui les Colons sont en sûreté. On a détruit presque tous les *Marons*; des gens payés par la Commune en font leur métier, & ils vont à la chasse des hommes aussi gaiment qu'à celle des merles.

Je crois qu'en général la religion des Nègres est le Matérialisme. Ils reconnoissent un Etre suprême. On leur apprend le cathéchisme; on prétend leur expliquer l'Évangile; Dieu sait s'ils en comprennent le premier mot! On les baptise pourtant, bon-gré, mal-gré, après quelques jours d'instruction qui n'instruit point. J'en vis un dernièrement qu'on avoit arraché de sa patrie depuis sept mois; il se laissoit mourir de faim. Comme il étoit sur le point d'expirer, & très-éloigné de la Paroisse, on me pria de lui conférer le Baptême. Il me regarda en souriant, & me demanda pourquoi je lui jettois de l'eau sur la tête; je lui expliquai de mon mieux la chose, mais il se retourna d'un autre côté, disant en mauvais français : après la mort, tout est fini, du moins pour nous autres Nègres; je ne veux point d'une autre vie, car peut-être y serois-je encore votre esclave :

Mais sur cet affligeant tableau
Qu'à regret ma main continue

Ami, n'arrêtons point la vue,
Et tirons un épais rideau;
Dans le champ qu'il rendit fertile,
Laiſſons le Nègre malheureux
Crier ſous la verge docile,
Et ſon Maître plus ennuyeux
Compter les coups d'un air tranquille;
C'eſt trop long-tems m'occuper d'eux.
Dégageons mon ame oppreſſée
Sous le fardeau de ſes ennuis;
Sur les aîles de la penſée,
Dirigeons mon vol à Paris,
Et revenons à la *Caʒerne*,
Aux gens aimables, au Falerne,
A toi, le meilleur des Amis,
A toi, qui du ſein de la France
M'écris encor dans ces déſerts,
Et que je vois bâiller d'avance
En liſant ma proſe & mes vers.

Que fais-tu maintenant dans Paris? tandis que le Soleil eſt à notre zénith, l'hiver vous porte à vous autres la neige & les frimats. Réaliſes-tu ces *projets d'Orgie*, auxquels on répond par de jolis vers & par de bons vins? Peut-être qu'entouré de tes amis & des miens, amuſé par eux, tu les amuſes à ton tour par tes *congés* charmans.

Peut-être, hélas! dans ce moment
Où ma plume trop pareſſeuſe
Te griffonne rapidement
Une rime ſouvent douteuſe,
Aſſiégeant un large pâté
Que farcit la truffe légère,
Vous buvez frais à la ſanté
D'un ſauvage qui ne boit guère.

Dans ce pays, le tems ne vole pas, il ſe traîne; l'ennui lui a coupé les aîles. Le matin reſſemble au ſoir; le ſoir reſſemble au matin; & je me couche avec la triſte certitude que le jour qui ſuit ſera ſemblable en tout au précédent. Mais il n'eſt pas éloigné cet heureux moment, où le vaiſſeau qui me rapportera vers la France ſillonnera légèrement la ſurface des flots. Soufflez alors, enfans impétueux de Borée, enflez la voile tendue. Et vous, aimables Néréides, pouſſez de vos mains bienfaiſantes mon rapide gaillard. Vous rendîtes autrefois ce ſervice aux galères d'Énée, qui le méritoit moins que moi; je ne ſuis pas tout-à-fait ſi pieux; mais je n'ai pas trahi ma Didon. Et vous, ô mes Amis, lorſque l'Aurore, prenant une robe plus éclatante, vous annoncera l'heureux our qui doit me ramener dans vos bras, qu'une ſainte ivreſſe s'empare de vos ames.

D'une guirlande nouvelle
Ombragez vos jeunes fronts,
Et qu'au milieu des flacons
Brille le myrte fidèle.
Qu'auprès d'un autel fleuri,
Chacun, d'une voix légère,
Chante pour toute prière :
Regina potens Cypri.
Puis venant à l'accolade
D'un ami reſſuſcité,
Par une triple raſade
Vous ſaluerez ma ſanté.

ÉPITRE

A M. DE P... DU S..

Tu dis bien vrai, du S.., quand une heureuſe aubaine
De nos pères joyeux couronna les ébats,
Ils faiſoient deux amis, & ne s'en doutoient pas.
Le même Aſtre a réglé ta naiſſance & la mienne.
Nous reçûmes le jour dans ces climats brûlans
Où deux fois le Soleil repaſſant ſur nos têtes,
Féconde la nature, & fixe dans nos champs
Ce printemps éternel vanté par les Poètes.
Là, comme on fait ailleurs, je végétai neuf ans.
Qu'on chante, ſi l'on veut, les beaux jours de l'enfance,
Je n'en regrette aucun; cette *aimable ignorance*
Eſt un bonheur bien fade aux yeux de la raiſon,
Et la ſaiſon de l'innocence
Eſt une aſſez triſte ſaiſon.
Tranſplantés tous les deux ſur les bords de la France,
Le hazard nous unit dans un de ces cachots,
Où, la férule au poing, des enfileurs de mots
Nous montrent comme on parle & jamais comme on penſe.
Arbriſſeaux étrangers, peu connus dans ces lieux,
S'il nous fallut ſouffrir la commune culture,
Des mains qui nous ſoignoient les ſecours dangereux
N'ont pu gâter en nous ce que fit la nature.

A peine délivrés de la docte prison,
L'honneur nous fit ramper sous le Dieu des Batailles;
Tu volas aussitôt aux murs de Besançon;
Un destin moins heureux me poussa dans Versailles.

Réunis sur les flots, nous bénissions le sort;
Mais il nous attendoit aux rivages d'Afrique.
Sans doute il te souvient de cette nuit critique,
Où nous allions passer du sommeil à la mort?
Un Soldat qui fumoit nous retint à la vie;
Nous étions réservés à des dangers nouveaux.
J'entends encor d'ici les rochers d'*Abrolhos*
Retentir sous les coups des vagues en furie;
Je vois notre vaisseau, dans un calme trompeur,
Céder au courant qui l'entraîne;
Je vois régner par-tout une morne frayeur;
Je lis dans tous les yeux que ma perte est certaine;
Je revois le trépas & toute son horreur.
O toi, de mes pensers dépositaire utile,
Toi, qui connois mon cœur, tu sais s'il fut ému.
Voyant tout, mais d'un œil tranquille,
J'écrivois, presque sûr de n'être jamais lu.

Te souvient-il encor de l'homme aux Quatre Tentes,
De ce Couvent peuplé d'Ursulines charmantes,
Des maris Portugais, de *Donna Theresa*,
Belle comme l'Amour, plus friponne peut-être,

Infidelle d'avance à l'époux qu'elle aura,
Et nous jettant le soir des fleurs par la fenêtre ?

Le Port des Hollandois nous reçut à son tour.
Tu soupires sans doute, & ta bouche chrétienne
Nomme la tendre B. . . , jeune Luthérienne,
Que ton zèle avoit su convertir à l'amour.

Nous arrivons enfin. Pardonne, ô ma Patrie !
Mais je ne connus point ce doux saisissement
Qu'on éprouve en te revoyant ;
Mon ame à ton aspect ne s'est pas attendrie.
La Patrie est un mot, & le proverbe ment.
Toi seule, ô mon Éléonore,
As rendu ce séjour agréable à mes yeux.
Tendre & fidèle objet d'un amour malheureux,
Peut-être tu ressens des peines que j'ignore ;
Va, mon cœur les partage & te rend tes soupirs.
En vain le sort jaloux termina nos plaisirs ;
De mon bonheur passé je suis heureux encore.

Enfin, après quatre ans d'inconstance & d'erreur,
Je te suis dans Paris. Là, maître de moi-même,
Réformé, sans amour, paresseux par systême,
Sur la scène du monde assez mauvais acteur,
Je déchire mon rôle & deviens spectateur.
Mon vaisseau battu par l'orage

A regagné le port, & n'en ſortira plus.
Que dis-je ? dès demain ennuyé du rivage,
Peut-être irai-je encor l'expoſer au naufrage
Sur ces mêmes écueils qu'il n'a que trop connus.
C'eſt le travers de tous les hommes
De chercher le repos & de s'en dégoûter;
Ce bien ſi deſiré n'eſt doux qu'à ſouhaiter.
Nous ne vivons point où nous ſommes:
L'eſprit vole plus loin, il voit d'autres climats,
Il en fait la peinture à notre ame ſéduite,
Et ce qu'il embellit a toujours plus d'appas:
La peine eſt aux lieux qu'on habite,
Et le bonheur où l'on n'eſt pas.

ÉGLOGUE.

UN jour Liſette
Toute ſeulette
Au bois filant,
Alloit chantant
La chanſonnette.
Elle s'aſſit
Au bord de l'onde
Claire & profonde,
Deux fois s'y vit
Jeune & mignonne,

Et la friponne
Deux fois ſourit ;
Puis avec grâce
Ses pieds nageoient
Et voltigeoient
Sur la ſurface.

Diſcret témoin,
Son chien fidèle
Étoit près d'elle ;
Tandis qu'au loin
Dans la prairie
L'agneau naiſſant
Alloit paiſſant
L'herbe fleurie.

Le long du bois
Je fais ſilence,
Et je m'avance
En tapinois ;
Puis je m'arrête,
Et ſur ſa tête
Faiſant ſoudain
Pleuvoir les roſes
Qui ſous ma main
S'offroient écloſes :

Salut à vous,
Mon inhumaine;
N'ayez courroux
Qu'on nous ſurprenne.
A vos chanſons
Nous vous prenons
Pour Philomèle :
Auſſi-bien qu'elle
Vous cadenciez,
Ma toute Belle;
Mais mieux feriez
Si vous aimiez
Auſſi bien qu'elle.
Plaire, charmer,
Sur-tout aimer,
C'eſt le partage,
C'eſt le ſavoir
Et le devoir
Du premier âge.

J'ai quatorze ans,
Répond Liſette;
Suis trop jeunette,
Et je n'entends
Sermons d'Amans.
On a beau faire;

Tous les Galans
Sont inconſtans,
A dit ma mère.
Sur un buiſſon
Le papillon
Voit-il la roſe ?
Amant craintif,
D'un air naïf
Il s'y repoſe.
Eſt-il heureux ?
Amant frivole,
Soudain il vole
A d'autres jeux.
Mais la fleurette
Triſte & ſeulette
Ne peut voler...

Ici la Belle
Vouloit parler,
Et déſoler
Mon cœur fidèle,
Mais un ſoupir
Vint la trahir,
Et du plaiſir
Fut le préſage.
Le lieu, le tems,

L'épais feuillage,
Gazons naiſſans
A notre uſage;
Doux embarras
D'une pucelle
Qui ne ſait pas
Ce qu'on veut d'elle,
Mais dont le cœur
Tout bas implore
Certain bonheur
Que ſa pudeur
Redoute encore;
Tout en ſecret
Preſſoit Liſette;
A ſa défaite
Tout conſpiroit.
Elle s'offenſe,
Menace, fuit,
Puis s'adoucit,
Puis recommence,
Pleure & gémit,
Se taît, ſuccombe,
Chancelle & tombe...

En rougiſſant
Elle ſe lève,

Sur moi soulève
Un œil mourant,
Et me serrant
Avec tendresse,
Dit : cher Amant !
Aimons sans cesse !
Que nos amours
Ne s'affoiblissent
Et ne finissent
Qu'avec nos jours !

A M. LE CHEVALIER DE C....

NON, mon portrait n'est pas fidèle,
Vos jolis vers en ont menti;
Et si j'étois moins votre ami,
Je vous ferois une querelle.
Pour se croire un autre Apollon,
Il faudroit ne jamais vous lire.
Traître, vous me donnez son nom,
Et vous avez gardé sa lyre.

Votre missive charmante m'oblige de convenir qu'elle est mieux entre vos mains que dans les miennes. Vous me louez comme Horace, & je n'ai d'autre ressemblance avec Virgile que de m'être exposé ſur les flots, & de vous avoir donné le ſujet de vos vers agréables.

Croyez-moi, ne guériſſez jamais de cette métromanie dont vous vous plaignez, & dont vous êtes le ſeul à vous appercevoir.

Pour vos amis & pour vous-même,
Ayez toujours auprès de vous
Ce joli démon qui vous aime,
Et dont je ſuis un peu jaloux.
Autrefois avec moins de grâce
Il inſpiroit Anacréon;
A Rome il alloit ſans façon
S'aſſeoir ſur les genoux d'Horace;
Chaulieu ſoupiroit avec lui
Des vers moins heureux que les vôtres;
Vous êtes ſon nouvel ami,
Et vous lui rendez tous les autres.

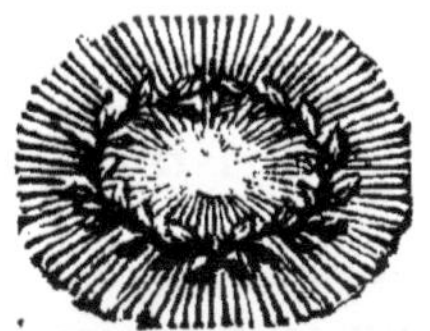

DIALOGUE

ENTRE UN POETE ET SA MUSE.

LE POÈTE.

OUI, le reproche eſt juſte, & je ſens qu'à mes vers
La rime vient toujours ſe coudre de travers.
Ma Muſe vainement du nom de négligence
A voulu décorer ſa honteuſe indigence ;
La critique a blâmé ſon mince accoutrement.
Travaillez, a-t-on dit, & rimez autrement.
Docile à ces leçons, corrigez-vous, ma Muſe,
Et changez en travail ce talent qui m'amuſe.

LA MUSE.

De l'éclat des lauriers ſubitement épris,
Vous n'abaiſſez donc plus qu'un regard de mépris
Sur ces fleurs que jadis votre goût ſolitaire
Cueilloit obſcurément dans les bois de Cythère ?

LE POÈTE.

Non, je reſte à Cythère, & je ne prétends pas
Vers le ſacré côteau tourner mes foibles pas.
Dans cet étroit paſſage, où la foule s'empreſſe,
Dois-je aller augmenter l'embarras & la preſſe ?

Ma vanité n'a point ce projet insensé.
A l'autel de l'Amour, par moi trop encensé,
Je veux porter encor mes vers & mon hommage;
Des refus d'Apollon l'Amour me dédommage.

LA MUSE.

Eh! faut-il tant de soins pour chanter ses plaisirs?
Déjà je vous prêtois de plus sages désirs.
J'ai cru qu'abandonnant votre lyre amoureuse,
Vous preniez de Boileau la plume vigoureuse.
C'est alors que l'on doit, par un style précis,
Fixer l'attention du Lecteur indécis,
Et par deux vers ornés d'une chute pareille,
Satisfaire à la fois & l'esprit & l'oreille.
Mais pour parler d'amour, il faut parler sans art.
Qu'importe que la rime alors tombe au hazard?
Pourvu que tous vos vers brûlent de votre flamme,
Et de l'ame échappés arrivent jusqu'à l'ame.

LE POÈTE.

Quel fruit de vos conseils ai-je enfin recueilli?

LA MUSE.

Je vois que dans Paris assez bien accueilli,
Vous avez du Lecteur obtenu le sourire.

LE POÈTE.

Le Pinde à cet arrêt n'a pas voulu souscrire.
Peut-être on a loué la douceur de mes sons,
Et d'un luth paresseux les faciles chansons;
L'indulgente Beauté dont l'heureuse ignorance
N'a pas du bel esprit la dure intolérance,
A dit, en me lisant : au moins il sait aimer.
Le Connoisseur a dit : il ne sait pas rimer.

LA MUSE.

Te fit-on ce reproche, aimable Deshoulière,
Quand un Poète obscur, d'une main familière,
Parcouroit à la fois ta lyre & tes appas,
Et te faisoit jouir du renom qu'il n'a pas?
Chaulieu rimoit-il bien, quand sa molle paresse
Prêchoit à ses amis les dogmes de Lucrèce?
A-t-on vu du Marais le Voyageur charmant
De la précision se donner le tourment?
La Muse de Gresset, élégante & facile,
A ce joug importun fut par fois indocile.
Et Voltaire en un mot, cygne mélodieux,
Qui sut le mieux parler le langage des Dieux,
Ne mit point dans ses chants la froide exactitude
Dont la stérilité fait son unique étude.

LE POÈTE.

Il eſt vrai, mais la mode a changé de nos jours ;
On penſe rarement, & l'on rime toujours.
En vain vous diſputez ; il faut être, vous dis-je,
Amant quand on écrit, Auteur quand on corrige.

LA MUSE.

Soit ; je veux déſormais, dans mes vers bien limés,
Que les Ris & les Jeux ſoient fortement rimés ;
Je veux, par le ſecours d'une heureuſe épithète,
Au bout de chaque ligne attacher ma ſonnette.
Mais ne vous plaignez point ſi quelquefois le ſens,
Oublié pour la rime....

LE POÈTE.

Oubliez, j'y conſens :
D'un ſcrupule ſi vain l'on vous feroit un crime.
Appauvriſſez le ſens pour enrichir la rime.
Tréſorier ſi connu dans le ſacré vallon,
Approche, Richelet ; complaiſant Apollon,
Et des vers à venir magaſin poétique,
Donne-moi de l'eſprit par ordre alphabétique.
Quoi, vous riez ?

LA MUSE.

Je ris de vos tranſports nouveaux.
Courage, pourſuivez ces aimables travaux.

LE POÈTE.

Ce rire impertinent vient de glacer ma verve.

LA MUSE.

Q'importe? Richelet tiendra lieu de Minerve.

LE POÈTE.

Rimez mieux.

LA MUSE.

Je ne puis.

LE POÈTE.

Ne rimez donc jamais.

LA MUSE.

Je le puis encor moins.

LE POÈTE.

Taisez-vous.

LA MUSE.

Je me tais.

DIEU VOUS BÉNISSE.

A Madame....

QUAND je vous dis *Dieu vous béniſſe*,
Je n'entends pas le Créateur
Dont la main féconde & propice
Vous donna tout, hormis un cœur;
Encor moins le Dieu d'Hyménée,
Dont l'eau-bénite infortunée
Change le plaiſir en devoir;
S'il fait des heureux, j'ai ouï dire
Qu'ils ne ſont pas dans ſon empire,
Et qu'il les fait ſans le ſavoir.
Mais j'entends ce Dieu du bel âge
Qui, ſans vous, ſeroit à Paphos.
Or apprenez en peu de mots
Comme il bénit ce Dieu volage :
Le déſir dont l'air éveillé
Annonce aſſez l'impatience,
Lui préſente un bouquet mouillé
Dans la Fontaine de Jouvence ;
Les yeux s'humectent de langueur,
Le rouge monte au front des Belles,
Et l'eau-bénite avec douceur
Tombe dans l'ame des fidelles.

Soyez dévote à ce Dieu-là,
Vous, qui nous prouvez sa puissance;
Éternuez en assurance,
Le tendre Amour vous bénira.

A M. LE CHEVALIER DE B....

QUE tu sais bien, flatteur habile,
Au doux bruit d'un éloge avec art apprêté,
Endormir la raison, & dans un vers facile
Chatouiller finement l'amour propre enchanté!
Que ta plume, avec goût blessant la vérité,
Sait, même en la flattant, ménager ma foiblesse,
Et préparer avec délicatesse
Le poison de la vanité!
De ses molles vapeurs ma Muse se défie:
Elle a trouvé tes vers charmans,
Mais elle n'a pas la folie
De croire à tes propos galans;
Elle sait que la Poésie
N'est pas fort scrupuleuse, & que dans tous les temps
Des tristes vérités implacable ennemie,
Elle aima mieux mentir & paroître jolie,
Que d'être plus sincère & d'ennuyer les gens.

MADRIGAL

A Madame de T....

Non, jamais un chant plus flatteur
N'embellit deux lèvres de rofe ;
La flûte avec moins de douceur
Vient chatouiller l'oreille qui repofe.
Ces accens que l'amour vous apprit à former
Se font entendre au cœur encor mieux qu'à l'oreille.
Heureux qui voit s'ouvrir cette bouche vermeille,
Et plus heureux cent fois qui peut vous la fermer.

ÉPITAPHE.

Ici gît qui toujours douta.
Dieu par lui fut mis en problême,
Il douta de fon être même.
Mais de douter il s'ennuya,
Et las de cette nuit profonde,
Hier au foir il eft parti,
Pour aller voir en l'autre monde
Ce qu'il faut croire en celui-ci.

AUX FLATTEURS.

O vous, qui prodiguez ſans ceſſe
Votre encens aux pieds des Créſus,
Ou qui chatouillez l'ame épaiſſe
De quelques nouveaux parvenus;
Malheureux, ſi la flatterie
Enrichit enfin ſon auteur,
Flattez donc; l'or vous juſtifie,
Vous n'en ſerez que pour l'honneur.
Mais non, votre eſpérance eſt vaine;
Malgré les ſoins les plus ſuivis,
On perd ſes ongles & ſa peine
A gratter des marbres polis.

CHANSON.

LORSQUE la tendre tourterelle
Le ſoir ne revient pas au nid,
L'époux affligé la rappelle,
  La rappelle & languit.

Plus douloureux eſt mon martyre
Loin de l'objet de mon amour;
Et mon cœur déſolé ſoupire,
  Soupire nuit & jour.

Aux lieux qu'embellit ma Maîtresse,
O vous tous, qui portez vos pas,
Consolez-la dans sa tristesse,
Et dites-lui tout bas :

Ton Ami, jeune Éléonore,
Est toujours fidèle à sa foi ;
Il te regrette, il t'aime encore,
Et n'aimera que toi.

Si pourtant gentille Bergère,
Douce & respirant le plaisir,
Veut faire un voyage à Cythère,
Amour, viens m'avertir.

Non que je puisse être infidèle ;
Éléonore, ne crains rien.
Mais las ! elle est si loin ma Belle !
Amour, tu m'entends bien ?

A M. LE CHEVALIER DE B....

CROIS-MOI, la brillante couronne
Dont tu flattes ma vanité,
C'est l'amitié qui me la donne,
Sans l'aveu de la vérité.
Fruits légers de ma foible veine,
Cet honneur n'est point fait pour vous ;

Modeftes & connus à peine,
Vous me ferez peu de jaloux.
Il eft vrai qu'à la noble envie
D'être célèbre après ma mort,
Je ne me fens pas affez fort
Pour facrifier cette vie.
Dans les fentiers d'Anacréon
Égarant ma jeuneffe obfcure,
Je n'ai point la démangeaifon
D'entremêler une chanfon
Aux écrits pompeux de Mercure,
Et je renonce fans murmure
A la trompeufe ambition
D'une célébrité future.
J'irai tout entier aux enfers.
En vain ta voix douce & propice
Promet plus de gloire à mes vers;
Ma nullité fe rend juftice.
Nos neveux, moins polis que toi,
Flétriront bientôt ma couronne;
Peu jaloux de vivre après moi,
Je les approuve & leur pardonne.

FIN.

TABLE.

POÉSIES ÉROTIQUES.

LIVRE PREMIER.

LIVRE SECOND.

TABLE.

LETTRES ET POÉSIES FUGITIVES.

Fin de la Table.

Fautes à corriger.

Page 53, *vers* 2, le projet de Voimon; *lisez* de Volmon.

Page 55, *vers* 1, pour nous, réveillons sans cesse; *lisez*, pour nous, réveillons-nous sans cesse.

Page 71, *vers* 10, raisonne dans ces plaines; *lisez* résonne dans ces plaines.

Page 104, *ligne* 23, *plus belle encore*, &c. lisez, *plus belle encor.*

Page 112, *vers* 7, Là d'étiques perderaux; *lisez*, perdreaux.

Page 115, *ligne* 19, ce ton décisif; *lisez*, un ton décisif.

Page 143, *vers* 11, de Mercure; *lisez* du Mercure.

www.ingramcontent.com/pod-product-compliance
Ingram Content Group UK Ltd.
Pitfield, Milton Keynes, MK11 3LW, UK
UKHW021154260726
13994UKWH00001B/460